COLOR BY NUMBER FOR KIDS
AGES 4-8

Created By: Signature Design Home

Color tast page

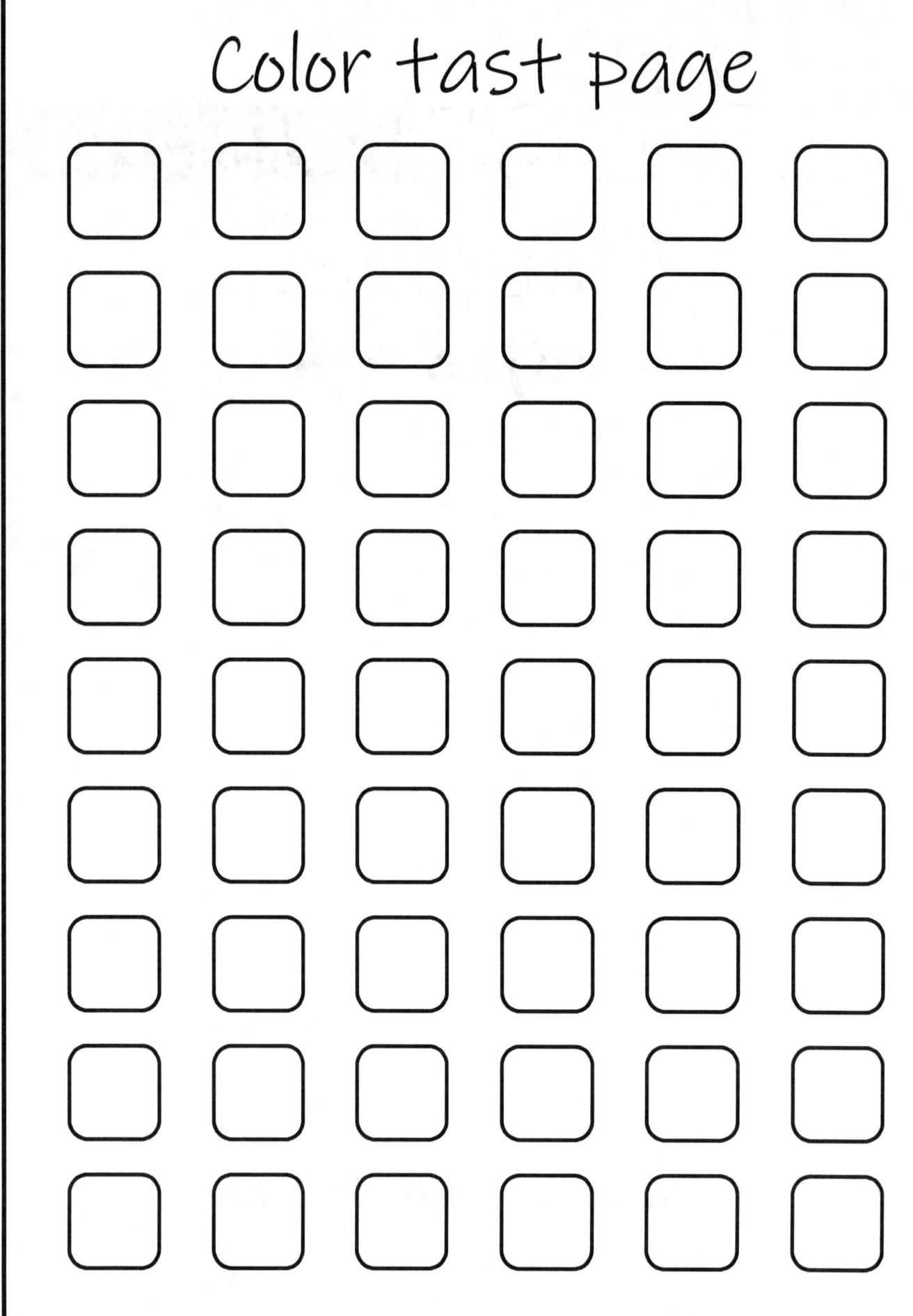

Name:

Color by Number

1-red
2-orange
3-yellow
4-green
5-blue
6-purple

Name:

Color by Number

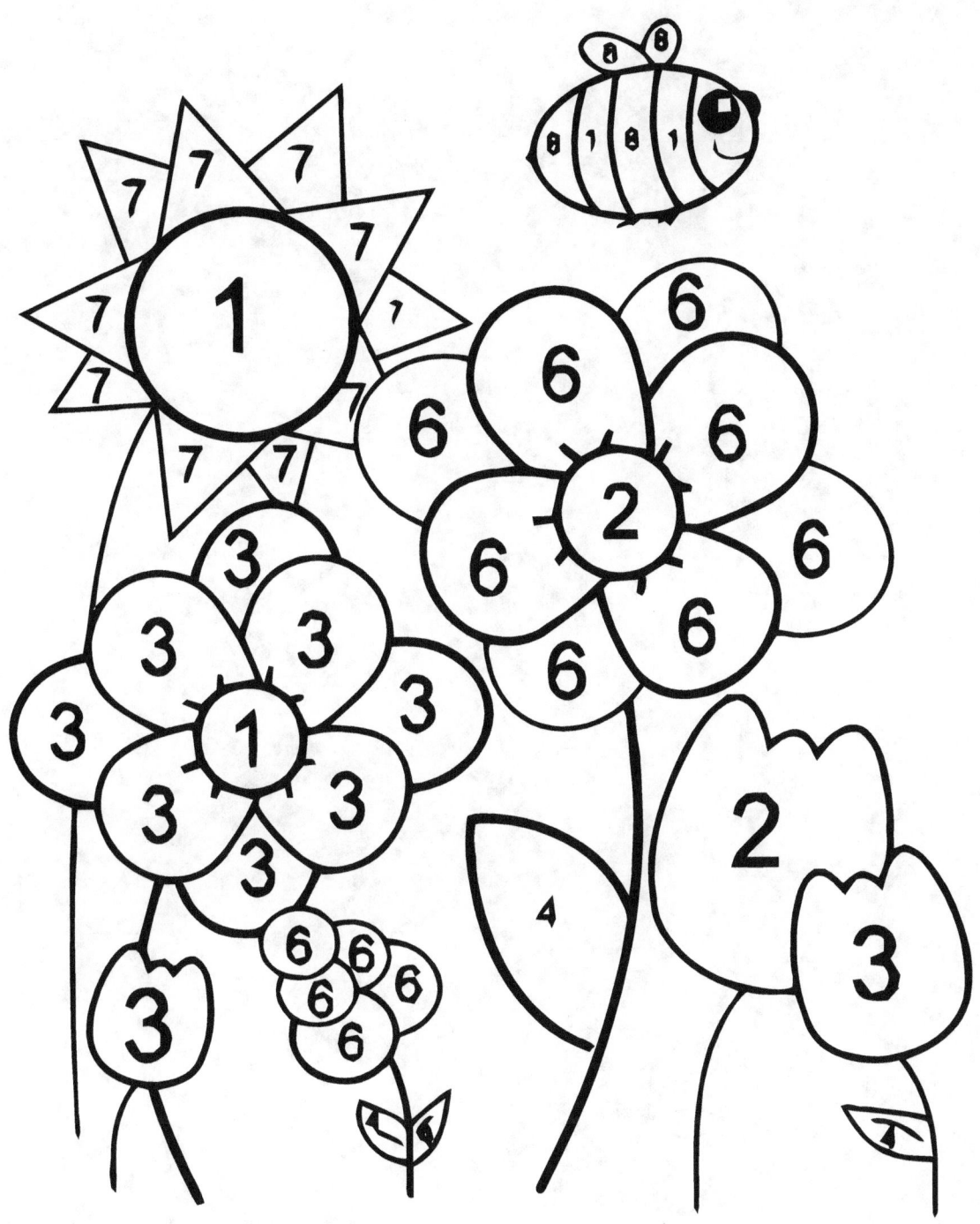

1- yellow   2- red   3- pink   4- green
5- blue   6- purple   7- orange   8- black

Name:

Color by Name

- yellow
- blue
- purple
- white
- green
- brown
- red
- pink
- orange
- black

Name:

Color by Number

Addition

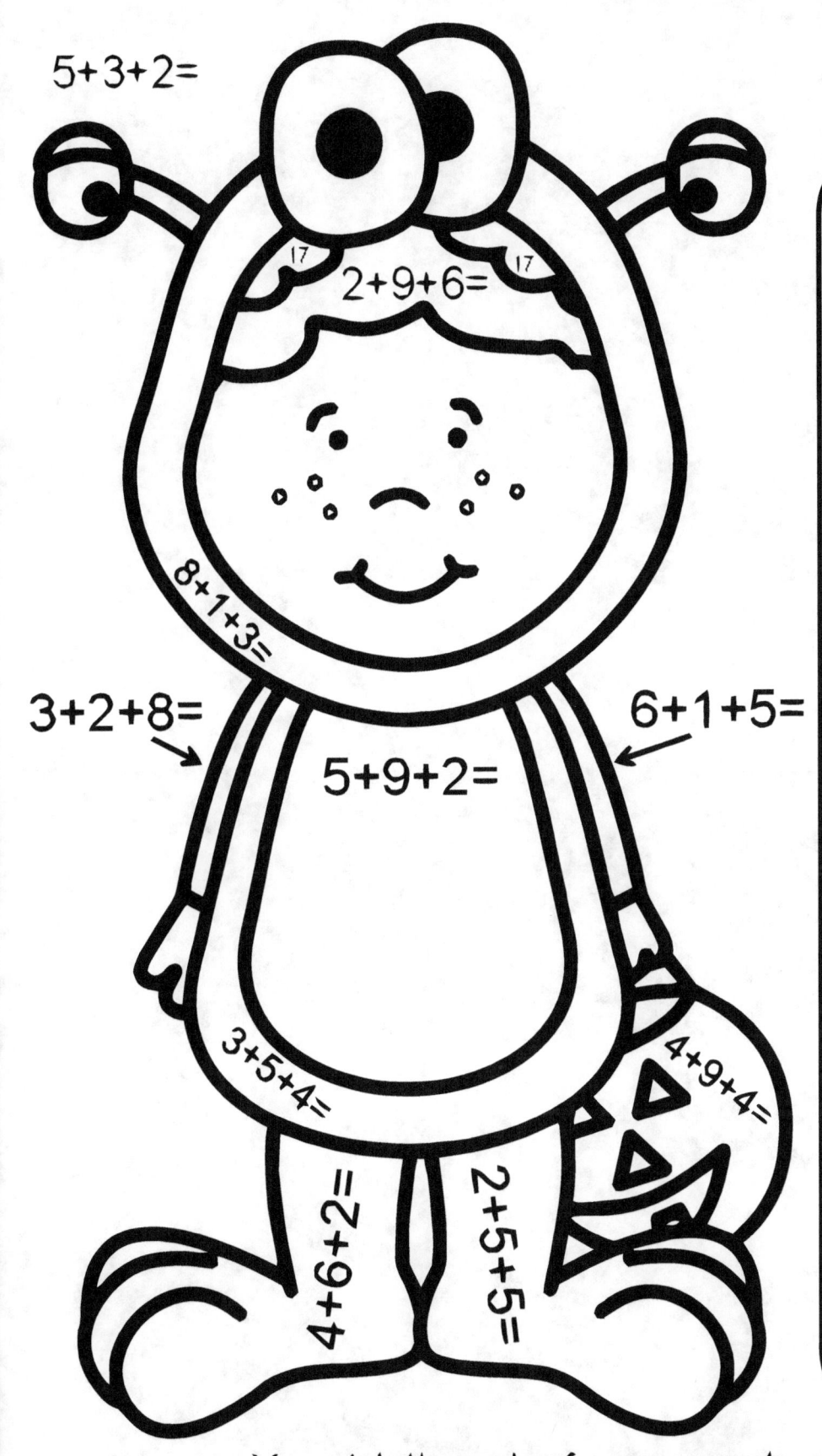

5+3+2=

2+9+6=

8+1+3=

3+2+8=

6+1+5=

5+9+2=

3+5+4=

4+9+4=

4+6+2=

2+5+5=

CODE

10 = yellow

11 = green

12 = light blue

13 = light blue

14 = blue

15 = purple

16 = red

17 = orange

You pick the color for any empty areas.   2+1+7=

Name:

Color by Number

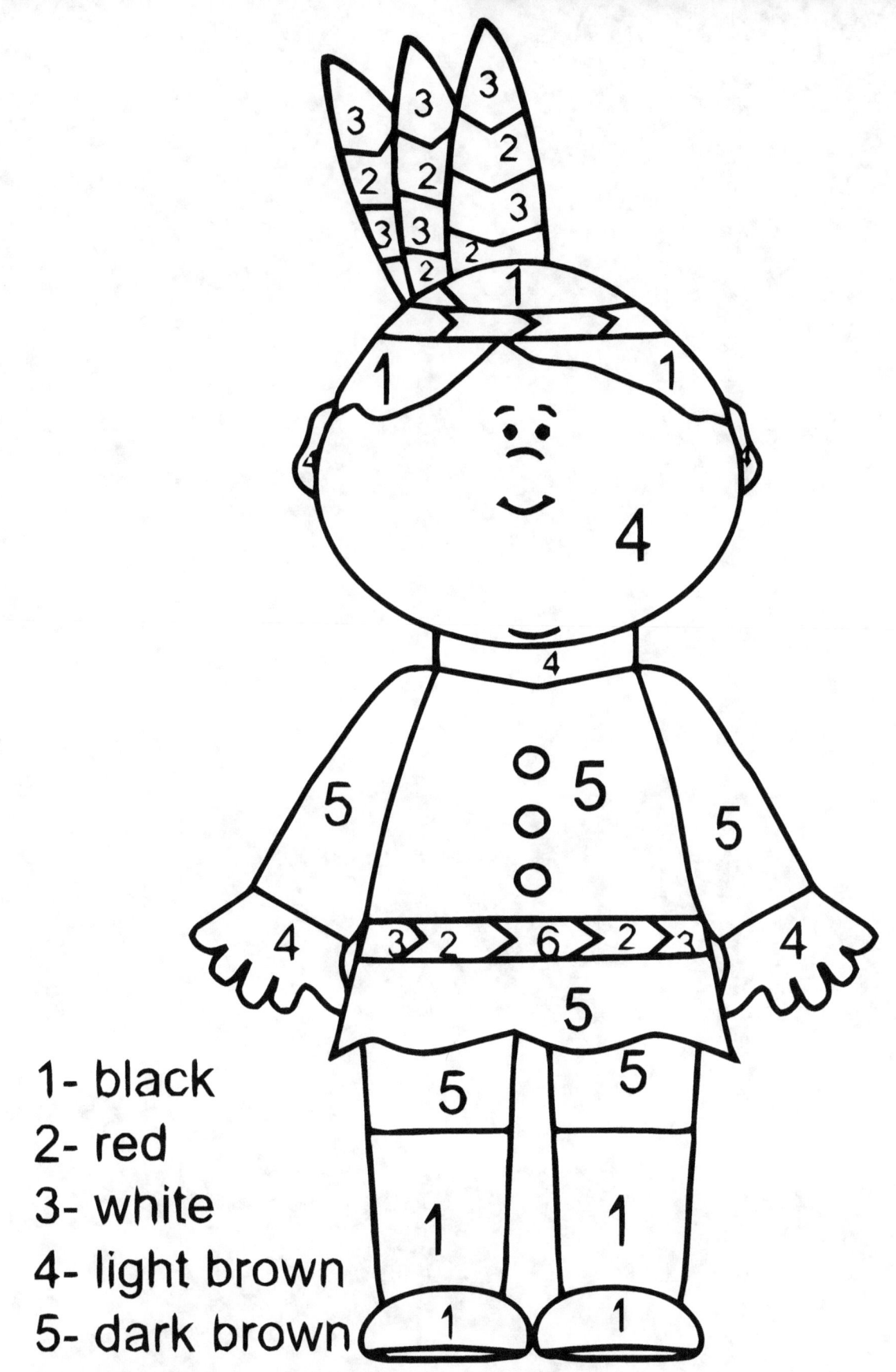

1- black
2- red
3- white
4- light brown
5- dark brown
6- green

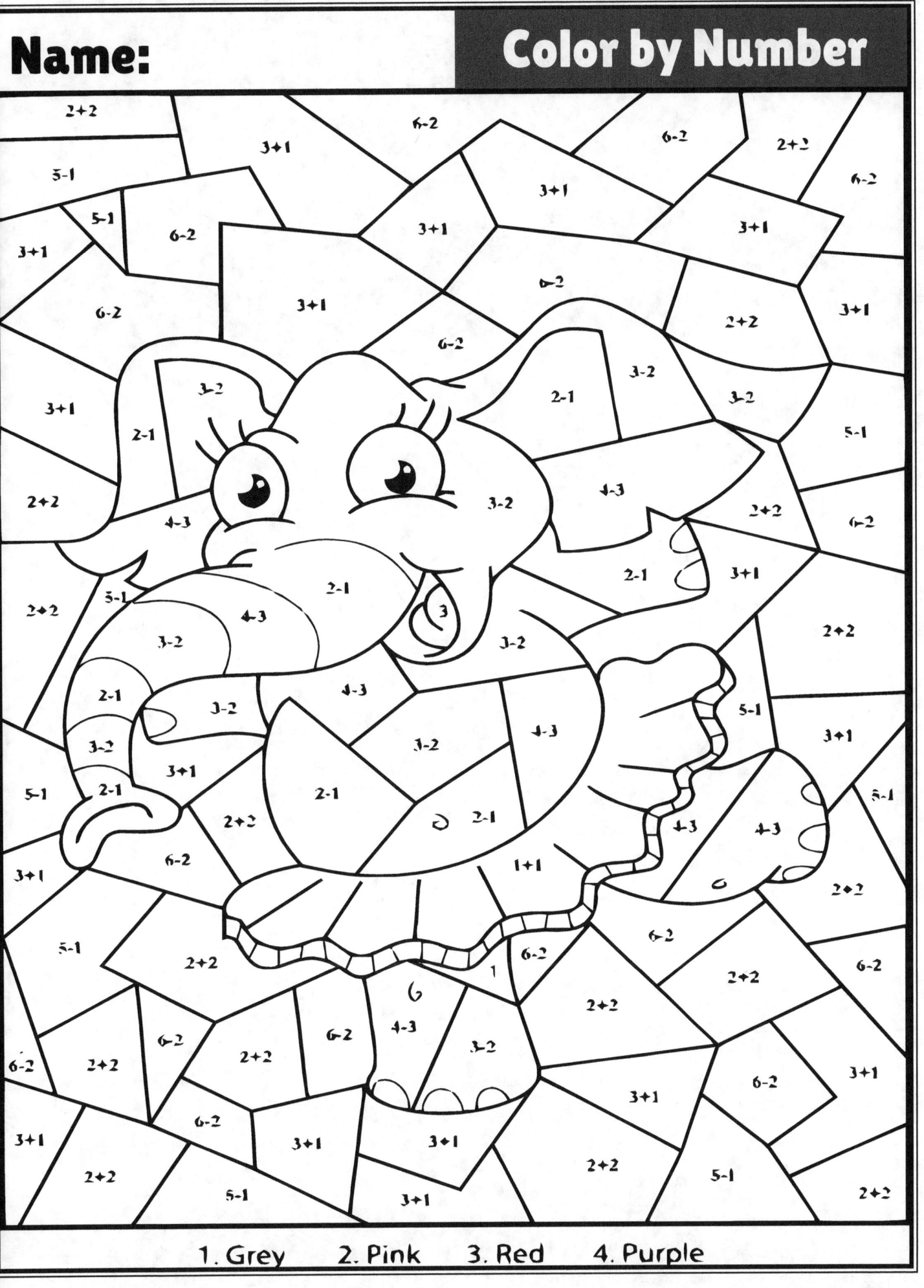

Name:

Color by Number

1 - red
2 - green
3 - black
4 - yellow
5 - pink
6 - orange
7 - purple
8 - blue
9 - white
10 - brown

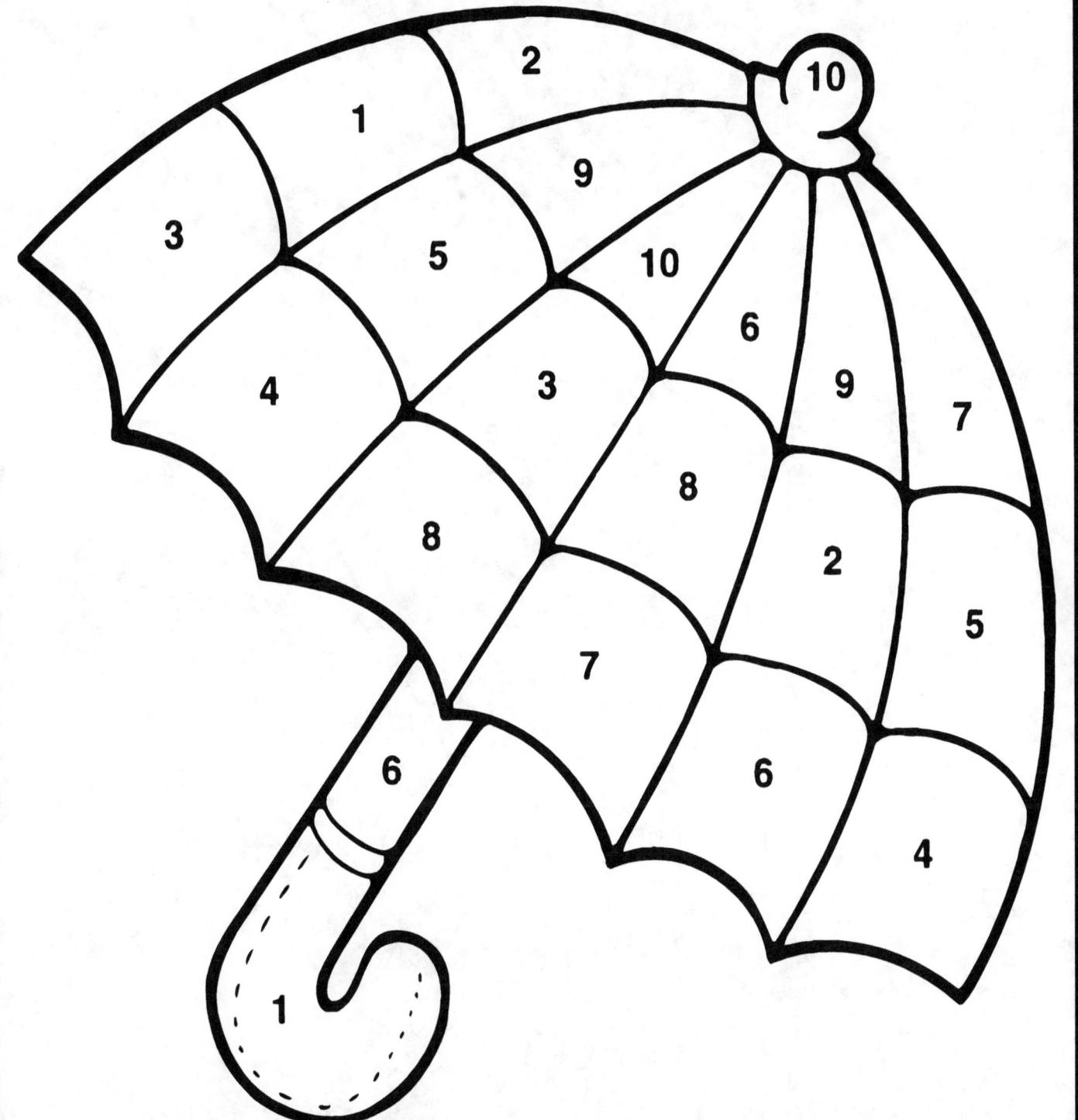

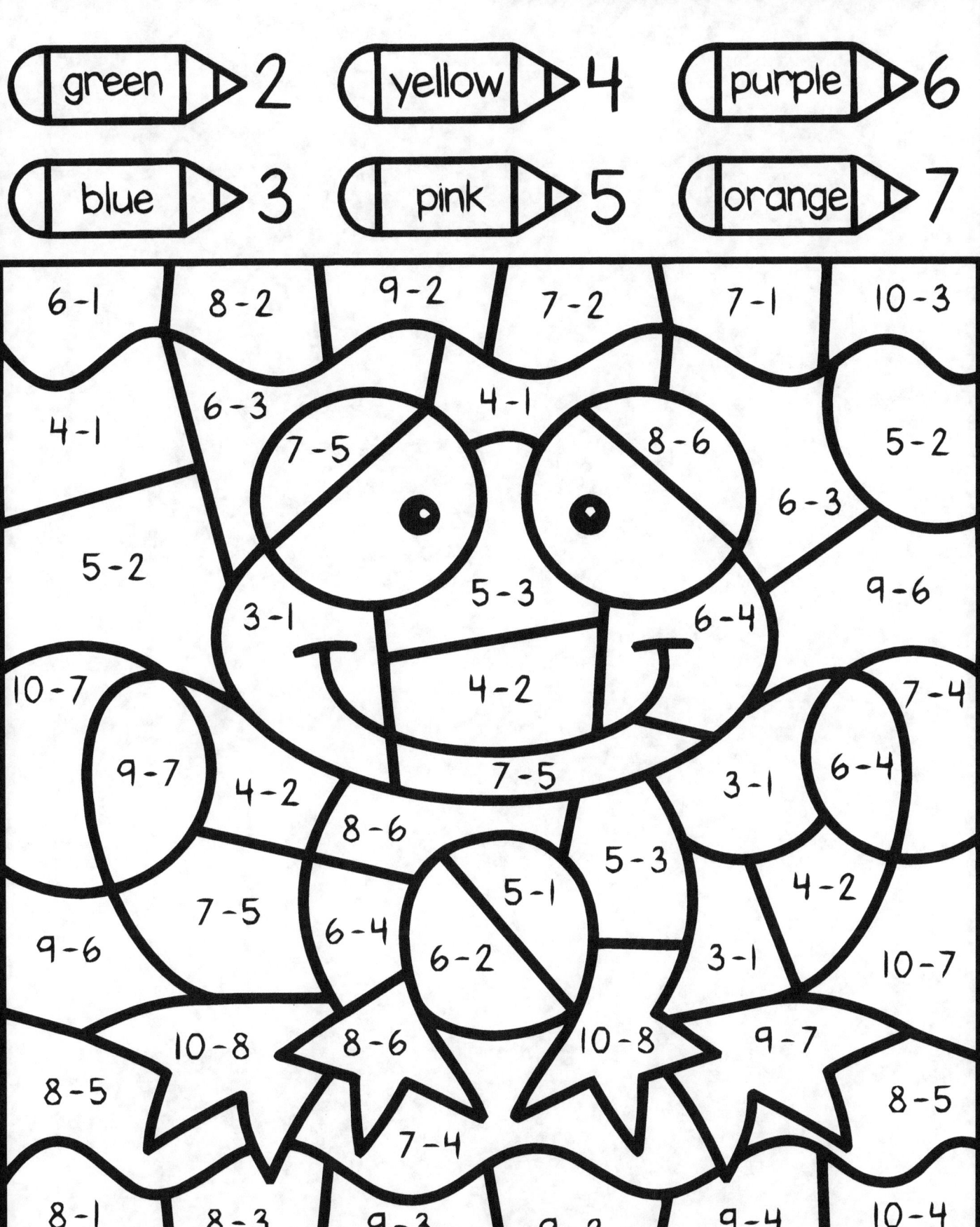

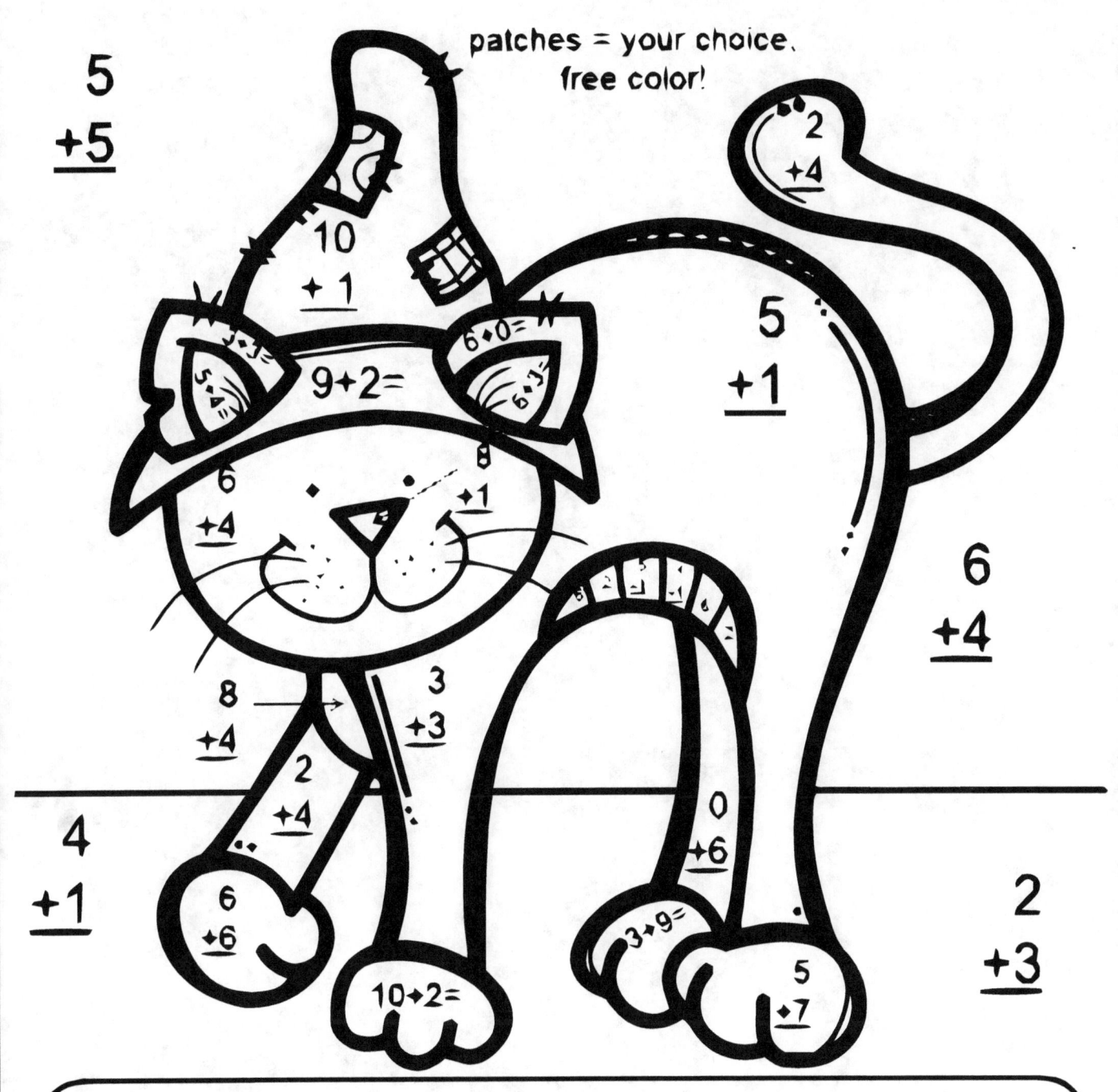

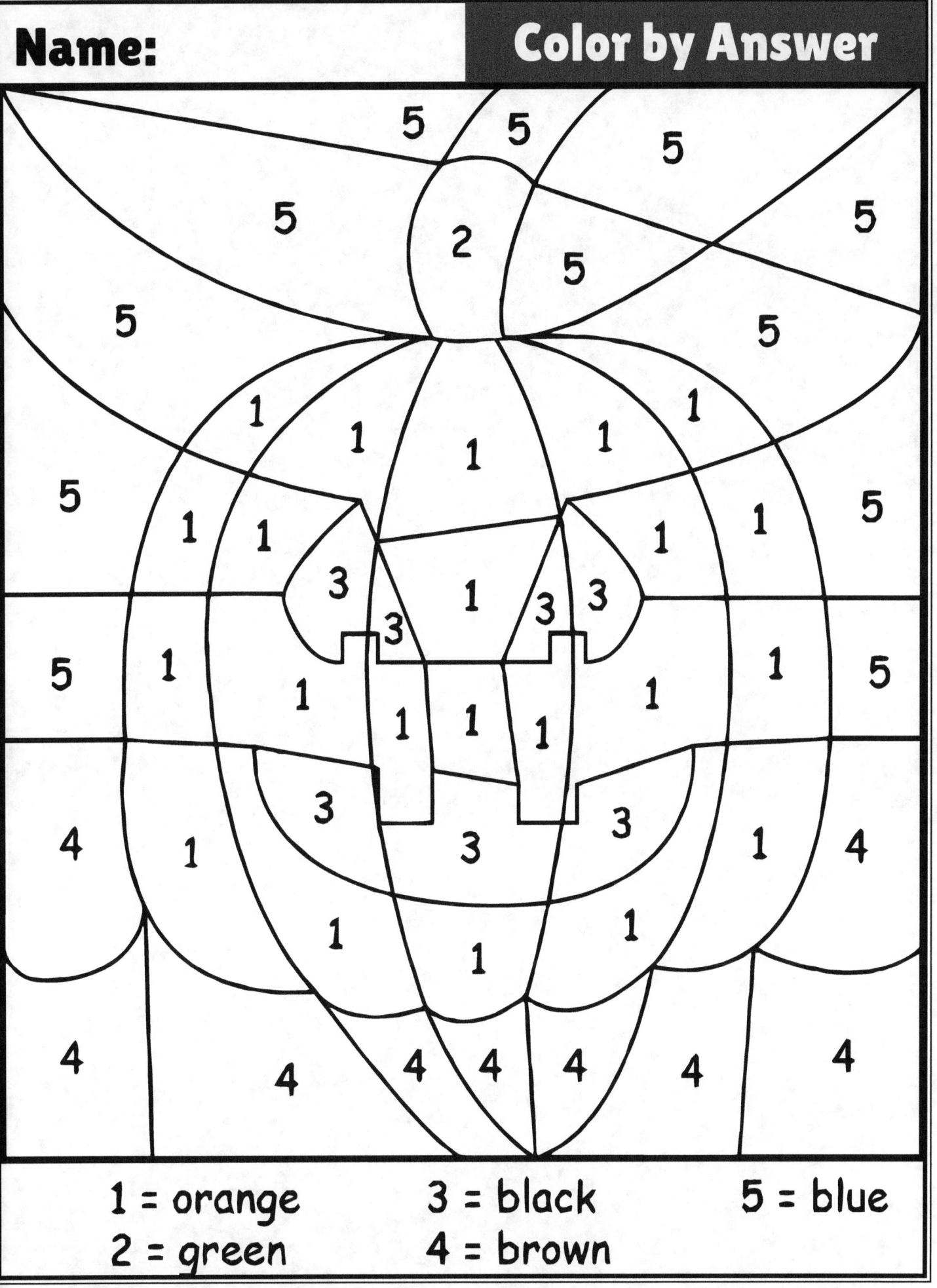

Name:

Color by Answer

1-Brown 2-Red 3-Green 4-Yellow

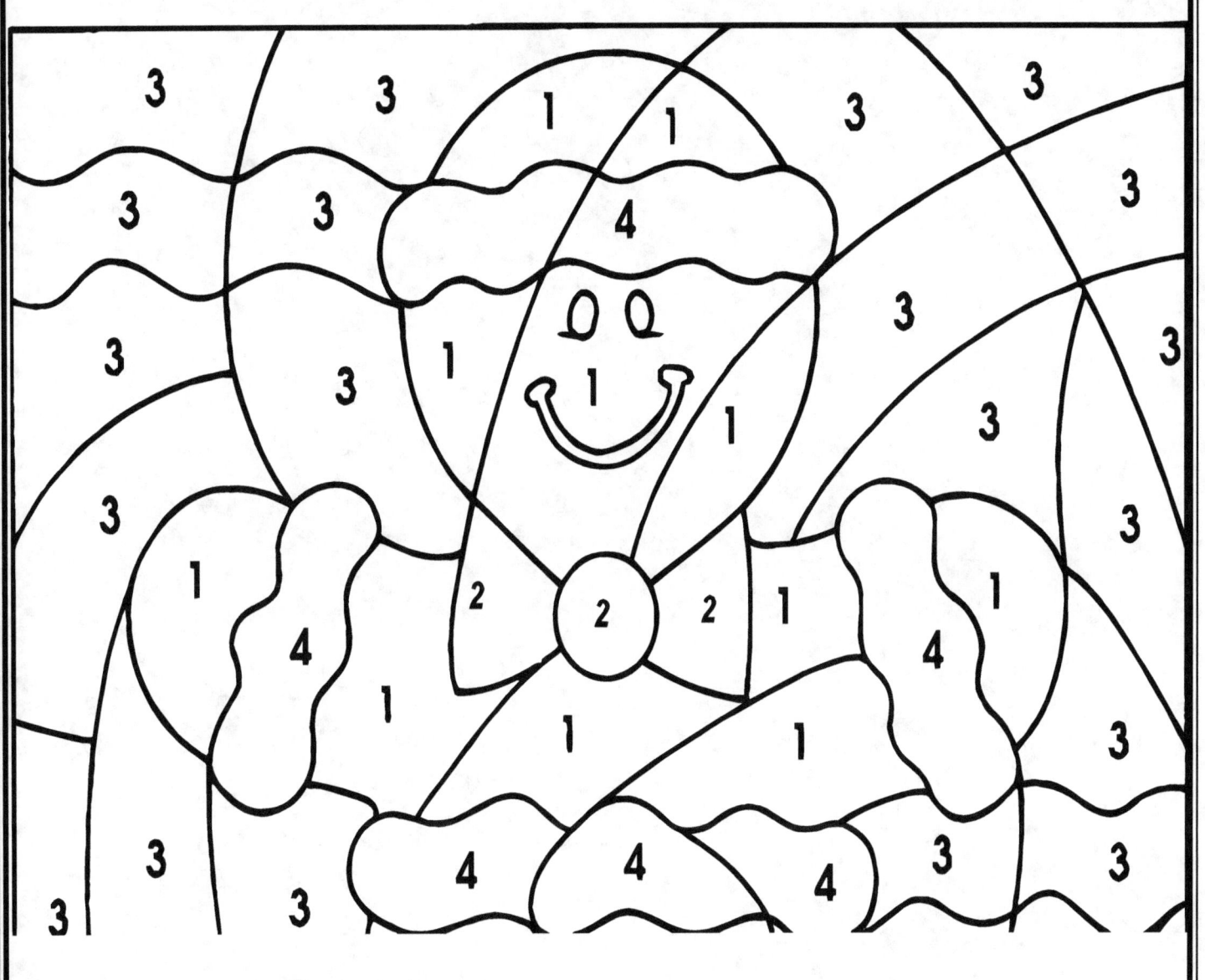

Color by Word

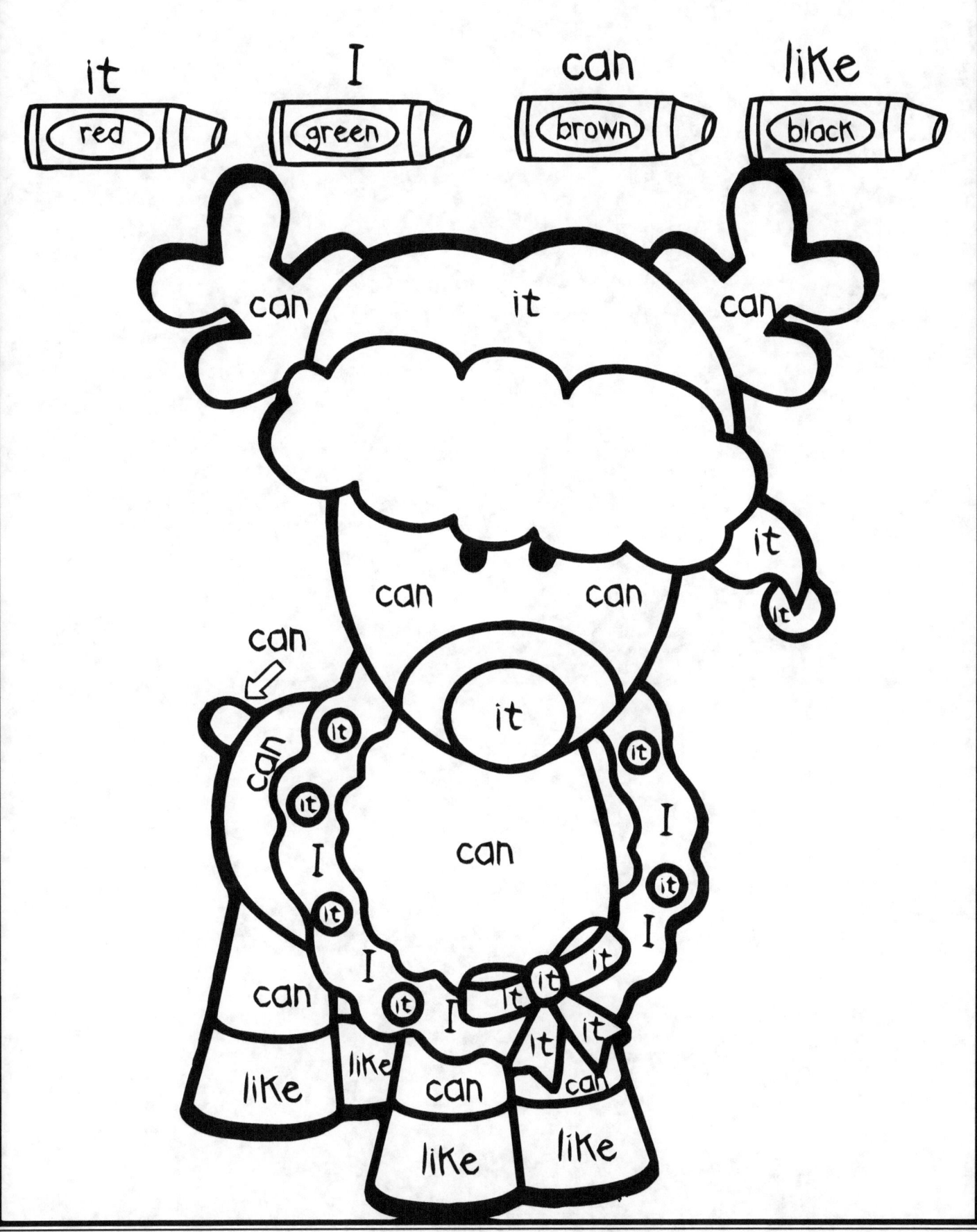

Name: **Color by Name**

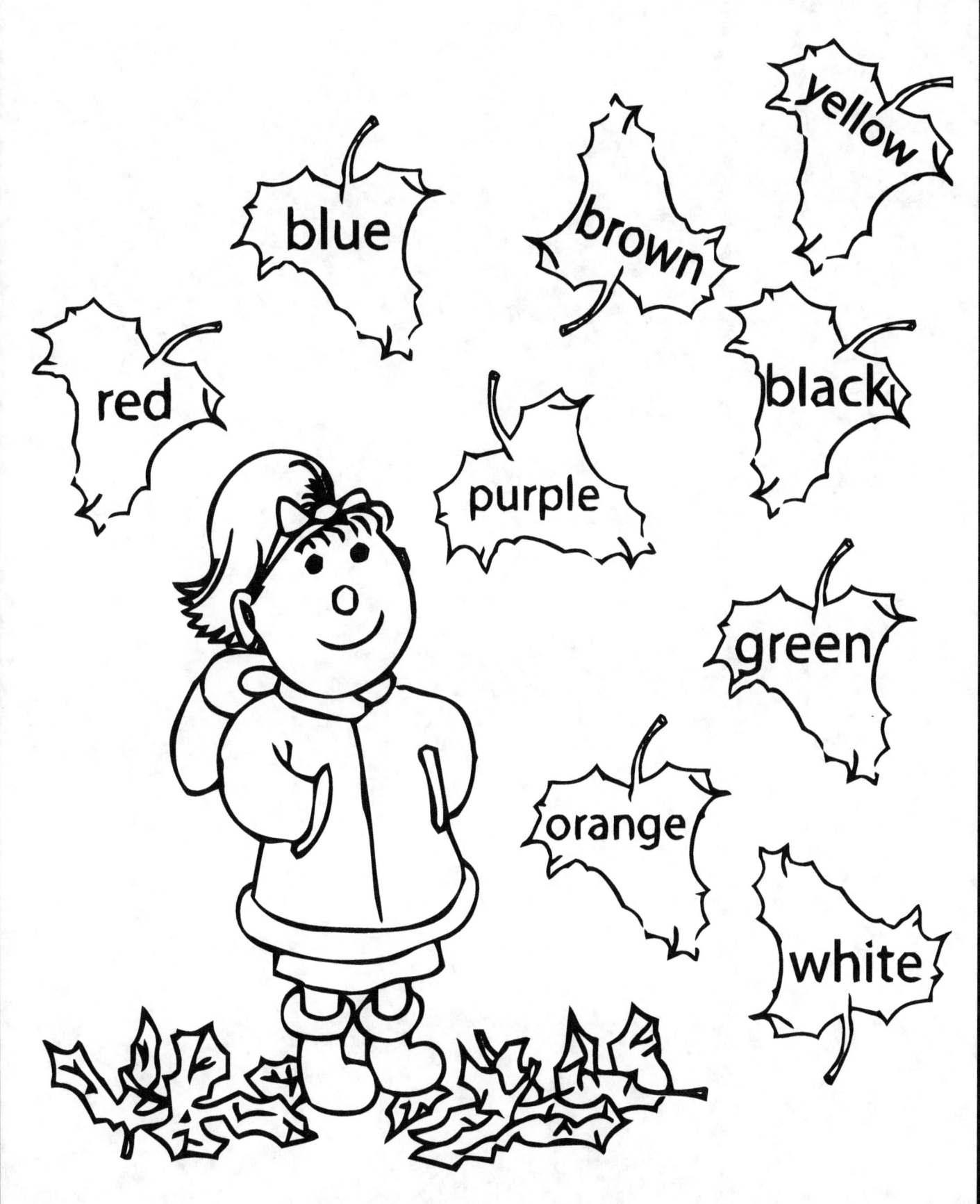

Name:

Color by Name

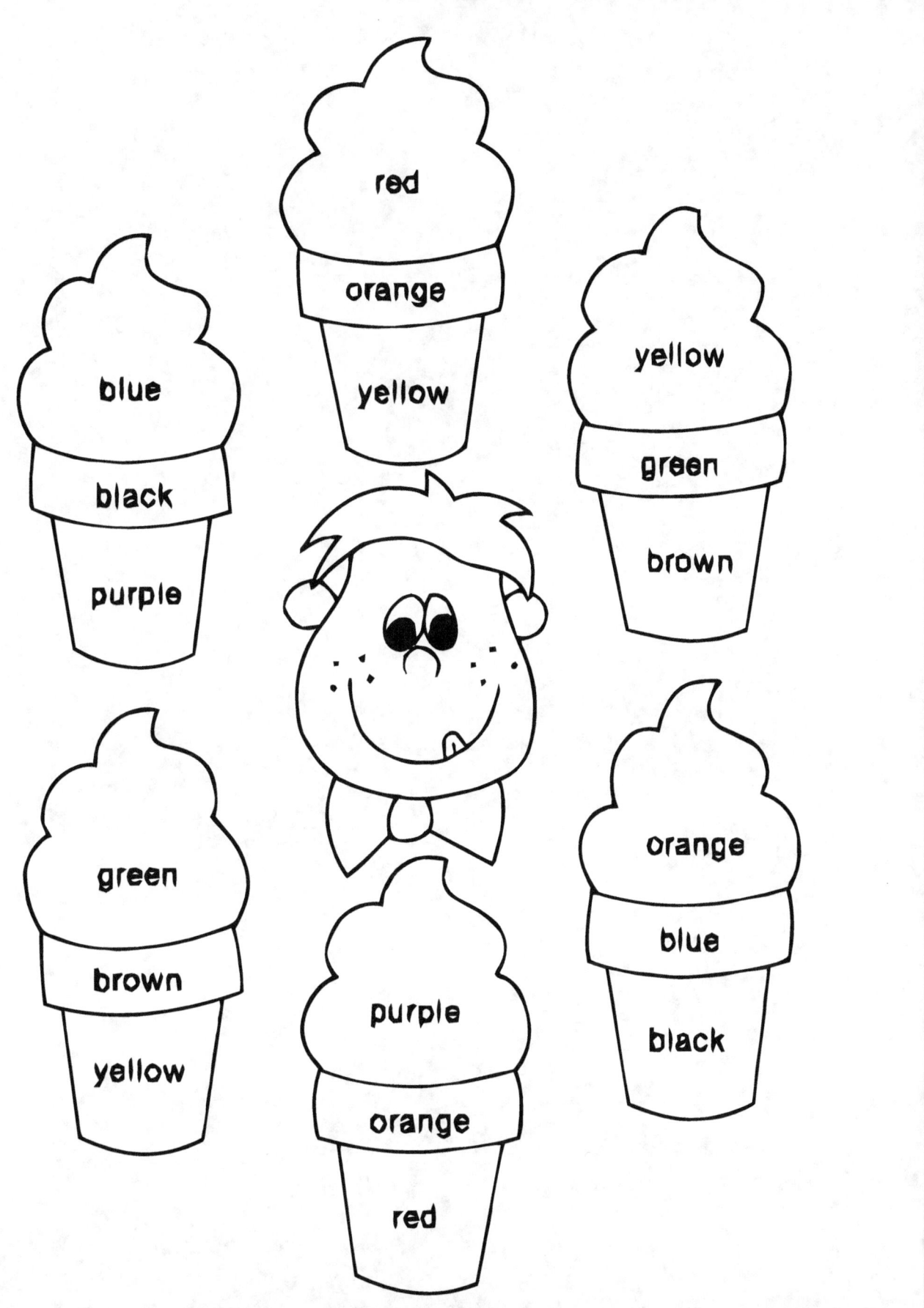

Name:

Color by Word

- the — green
- a — red
- is — brown
- you — yellow

Name:

Color by Picture

Read and colour.

3 green frogs
4 red crabs
1 pink hippo
1 yellow tortoise
4 red frogs

1 blue crab
3 yellow cats
2 orange cats
1 purple hippo
5 red tortoises

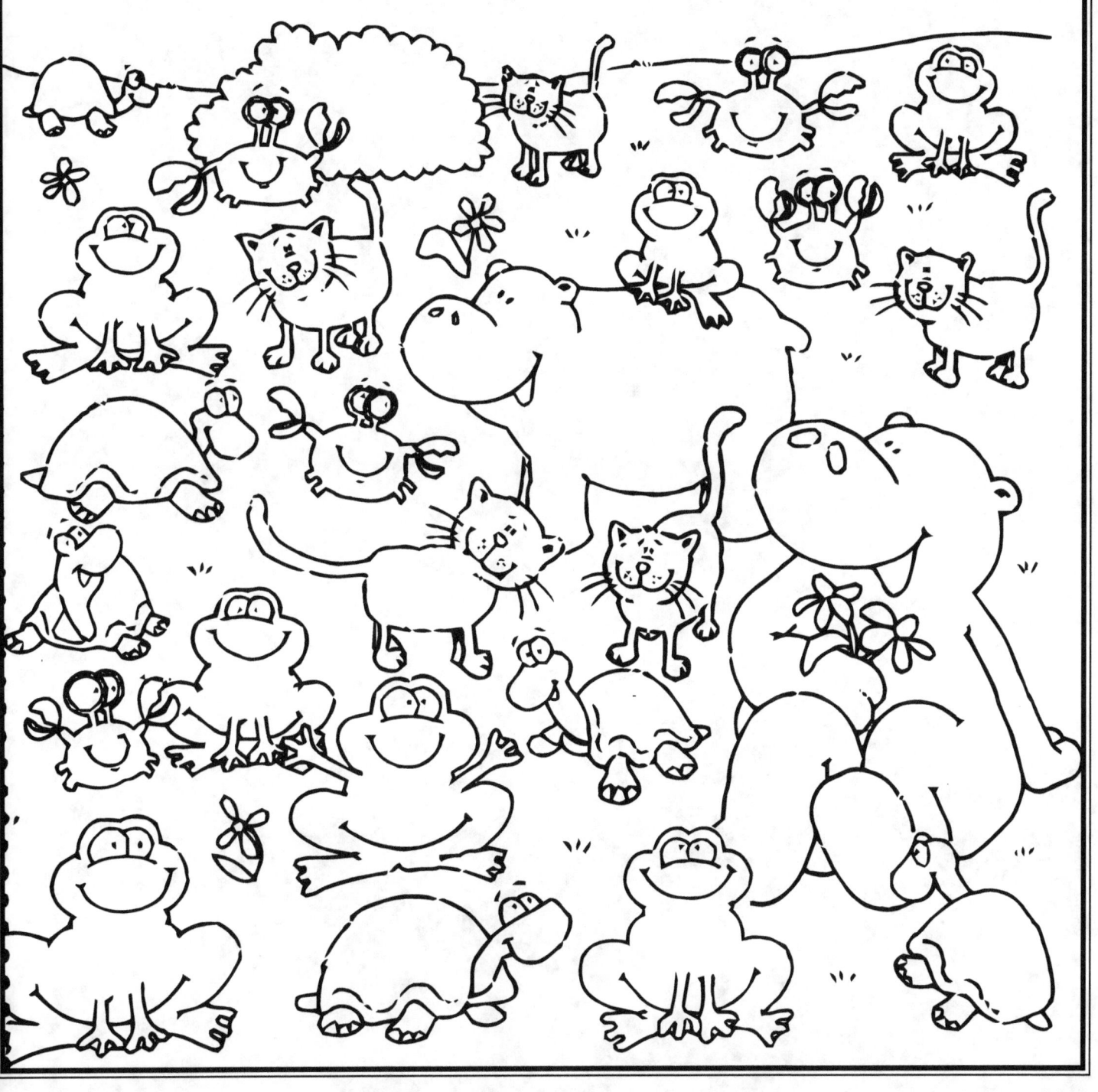

Name:

Color by Picture

1 YELLOW
2 GREEN
3 BLUE
4 RED

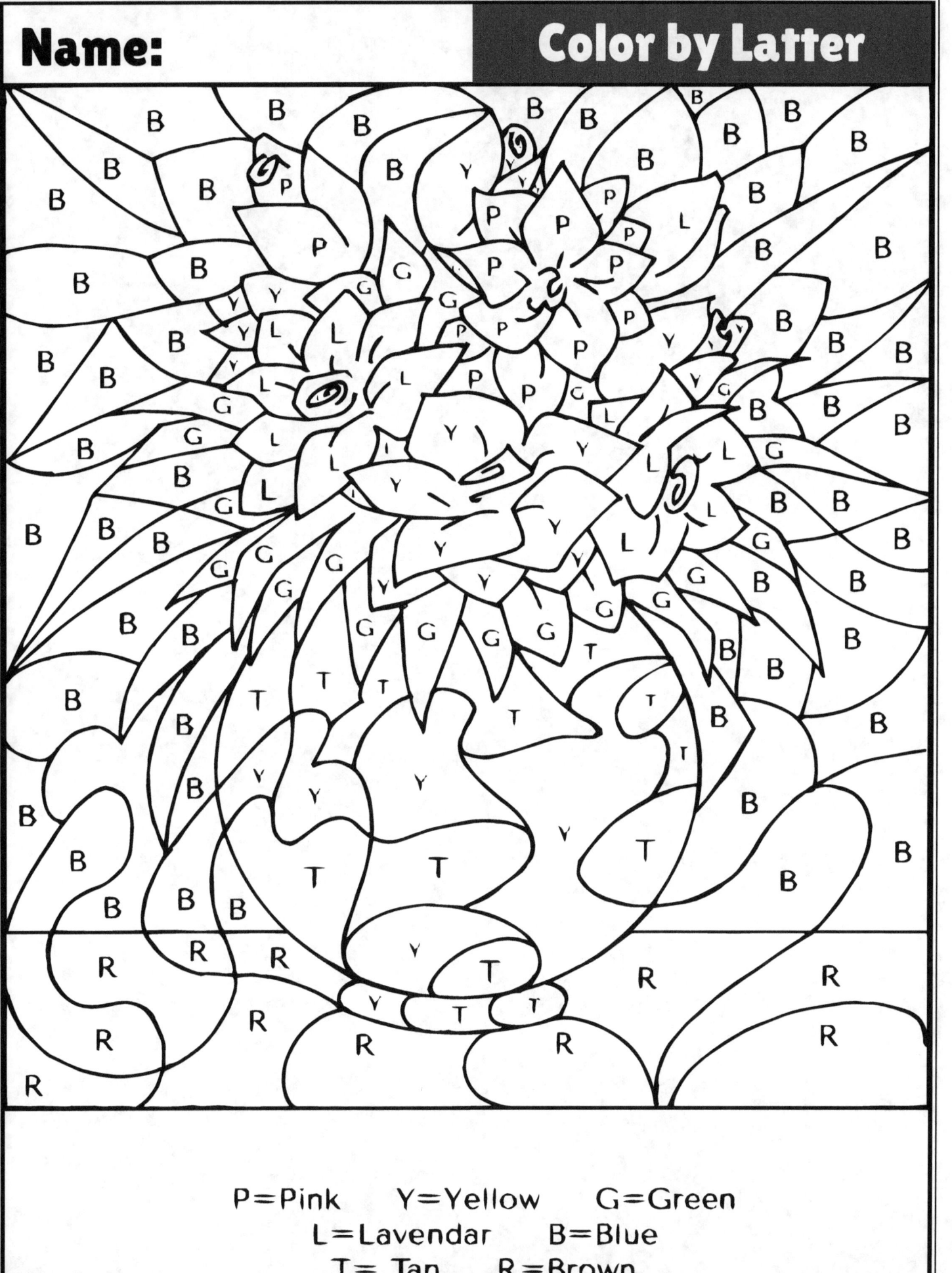

Name:

Color by Name

- orange
- blue
- yellow
- red
- green
- purple

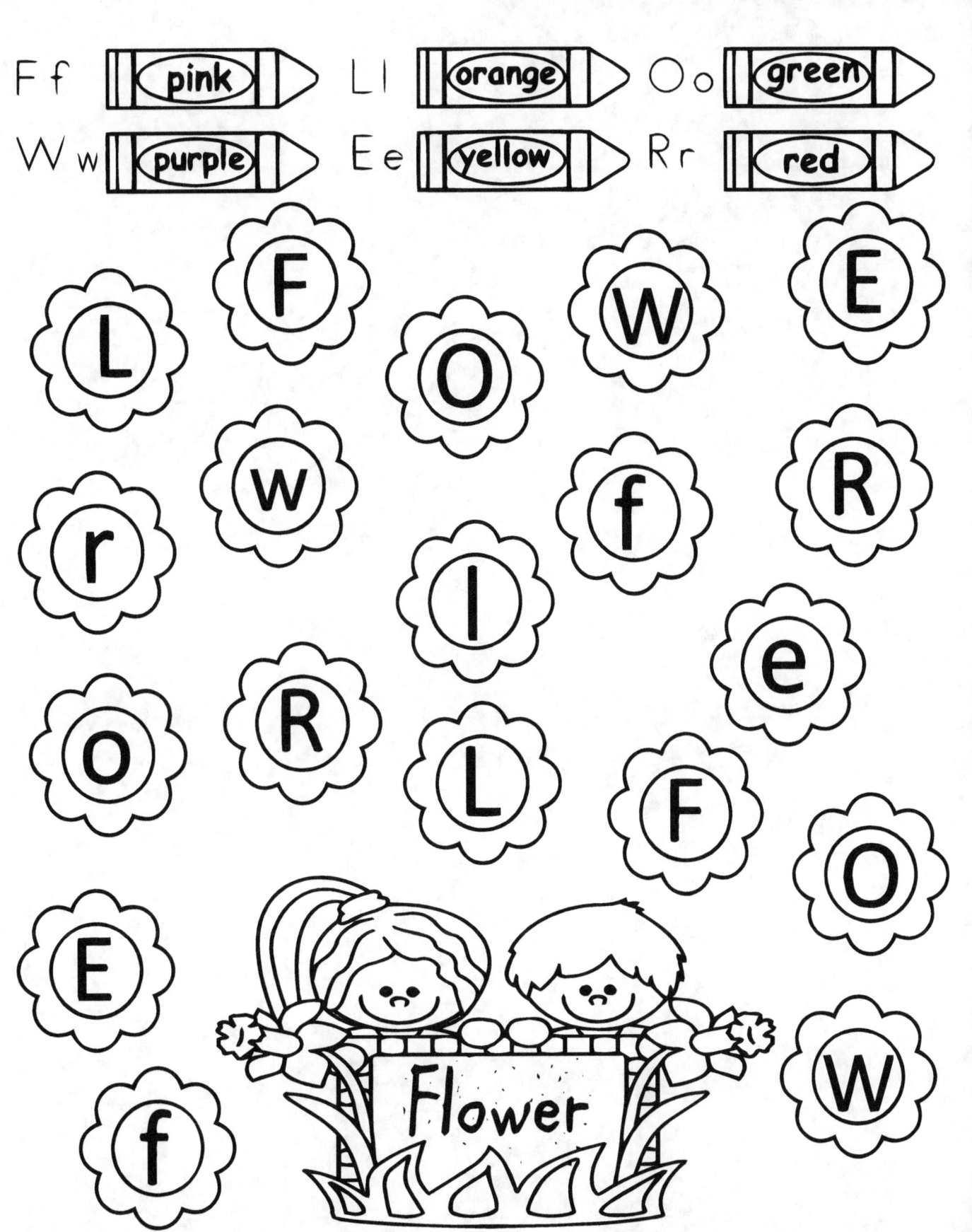

Name: # Color by Code

1-Orange 2-Brown 3-Red 4-Yellow 5-Green 6-Pink 7-Blue

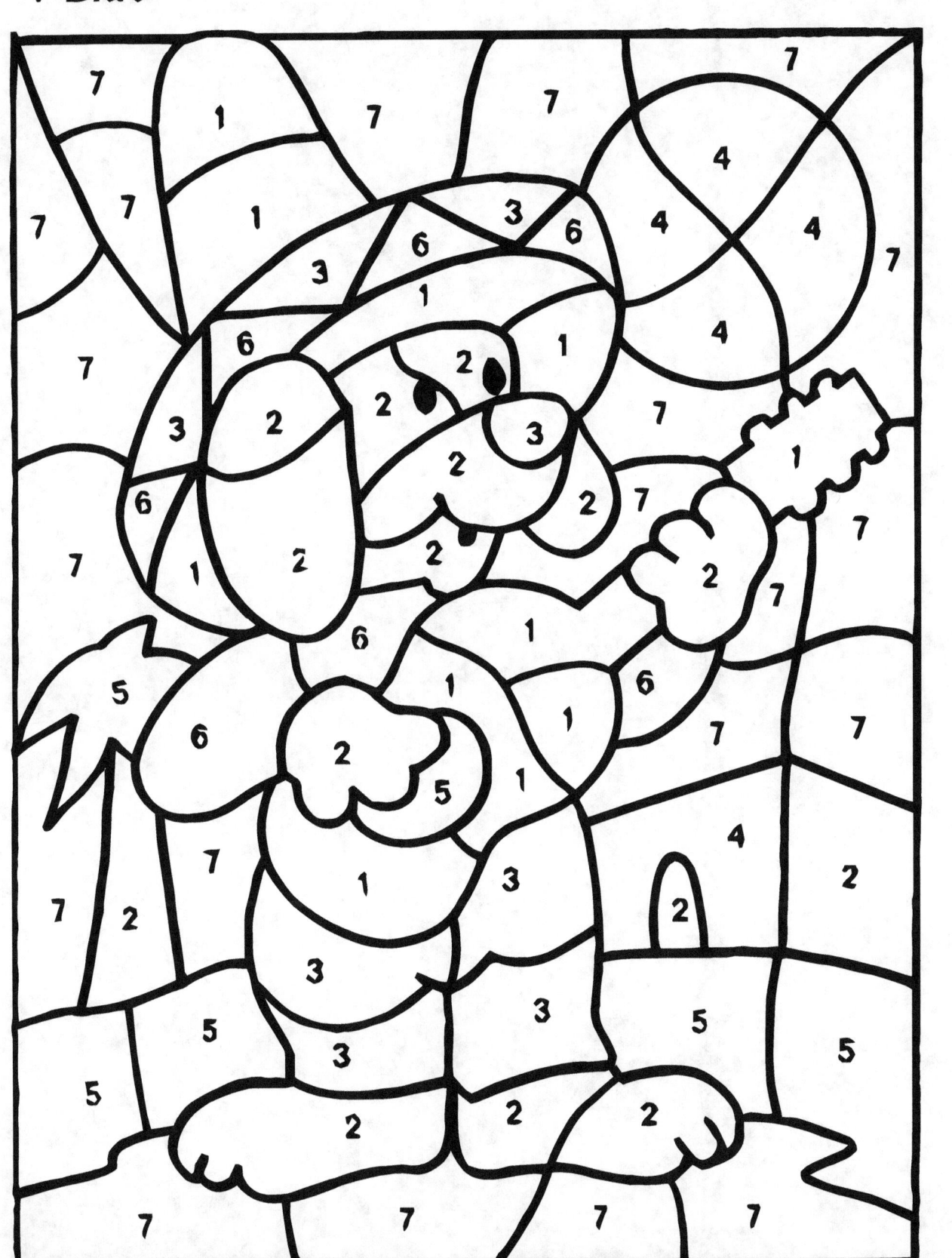

Name: **Color by Name**

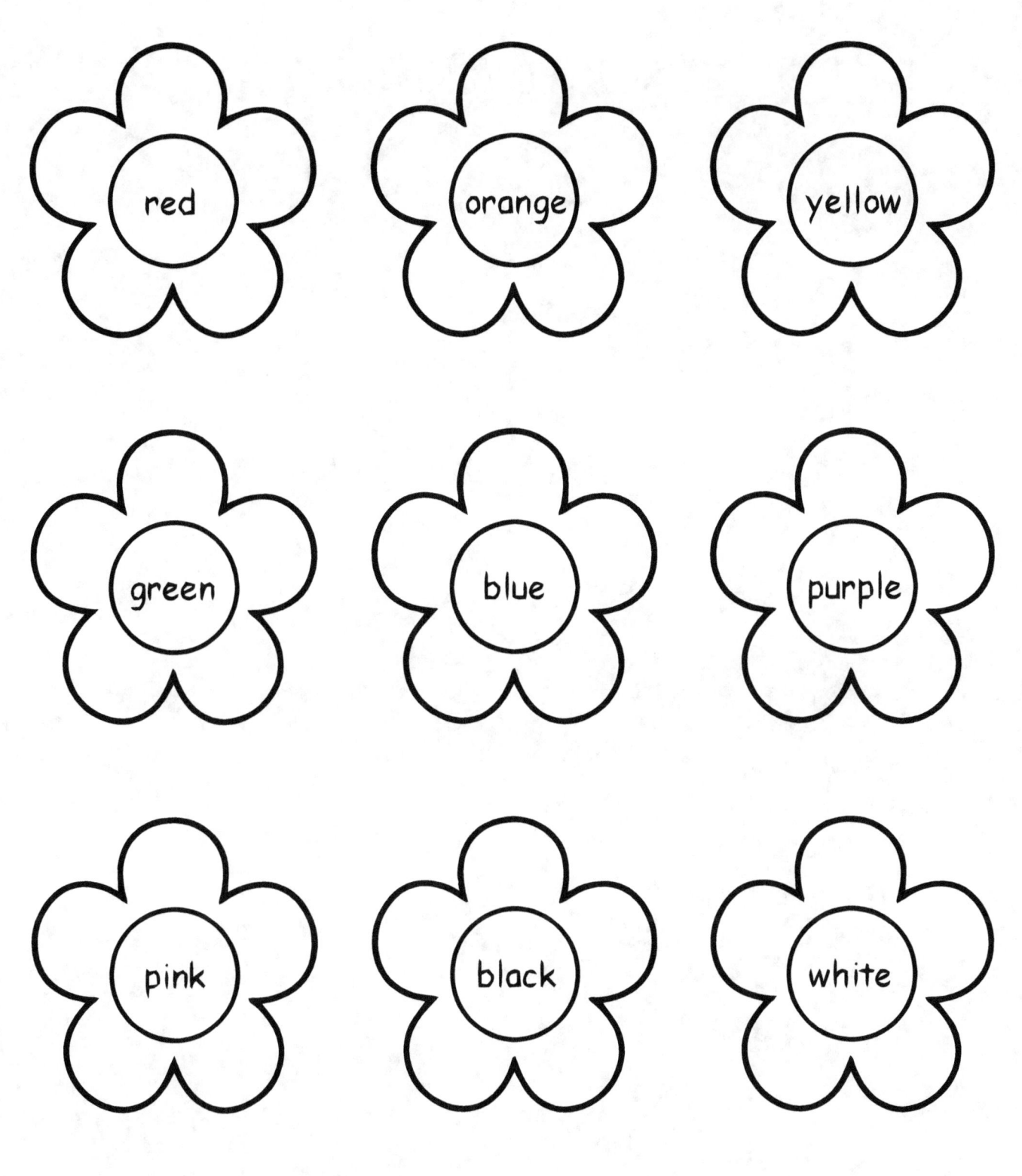

Name:

Color by Name

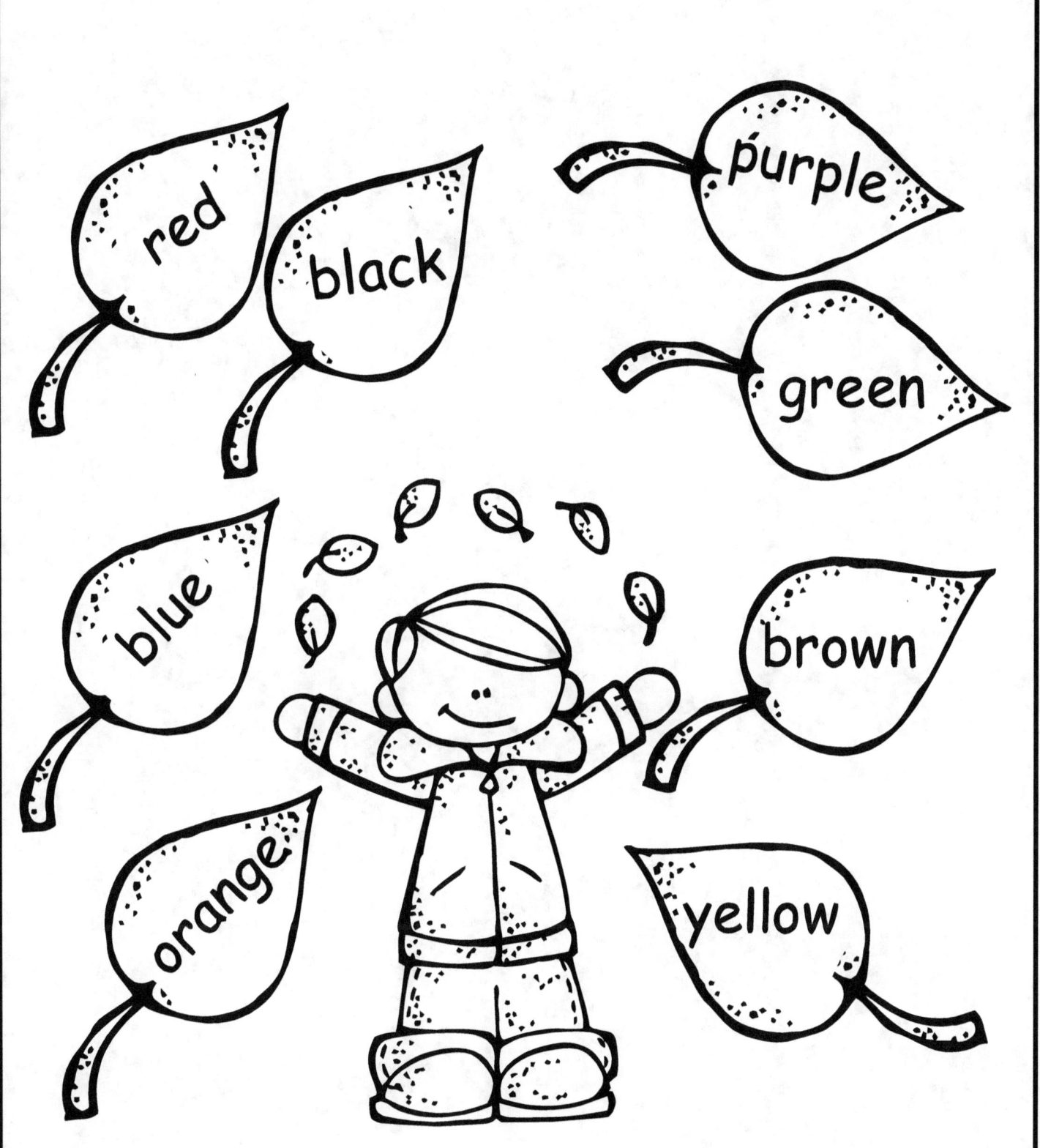

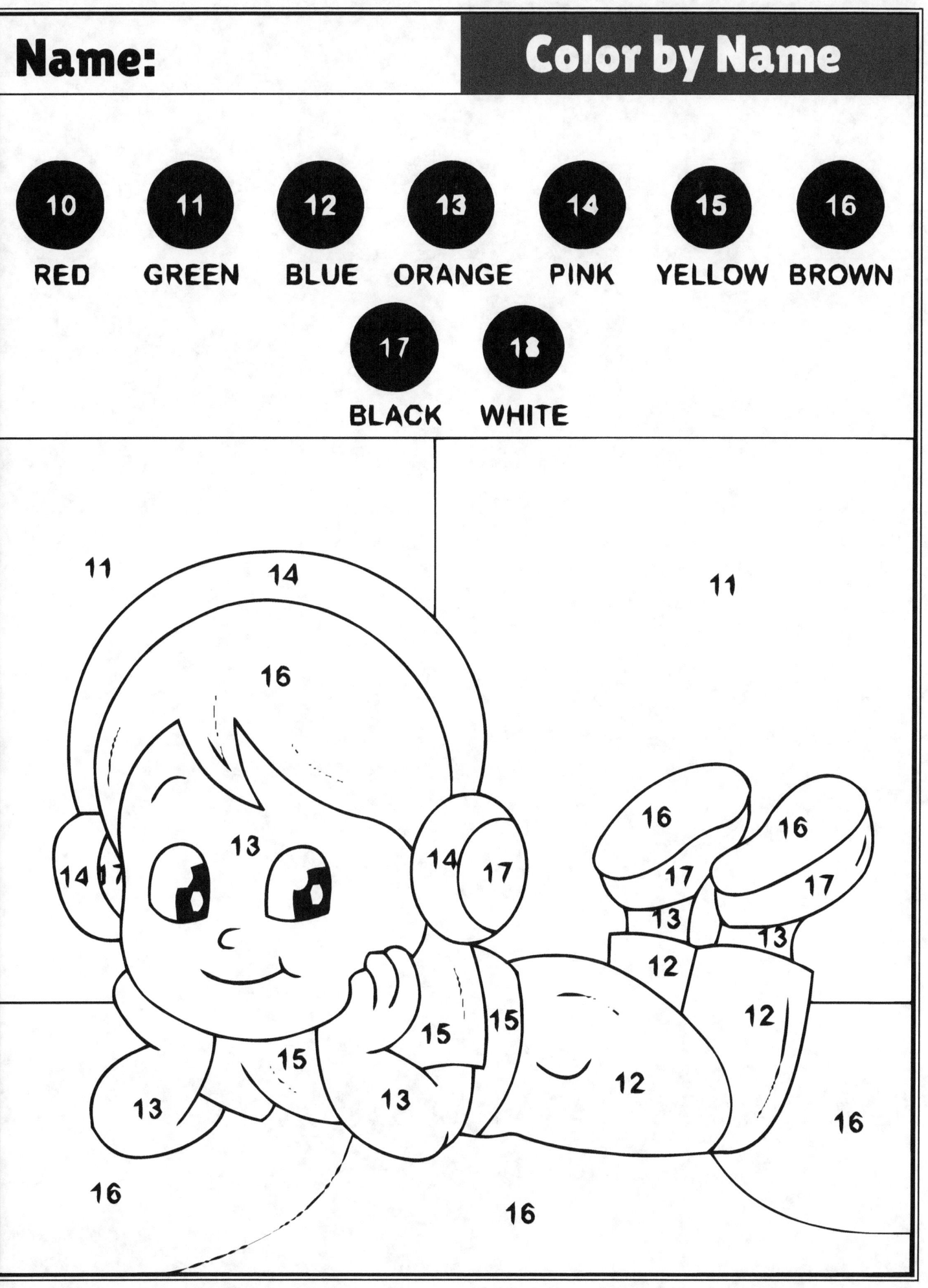

Name:

Color by Sound

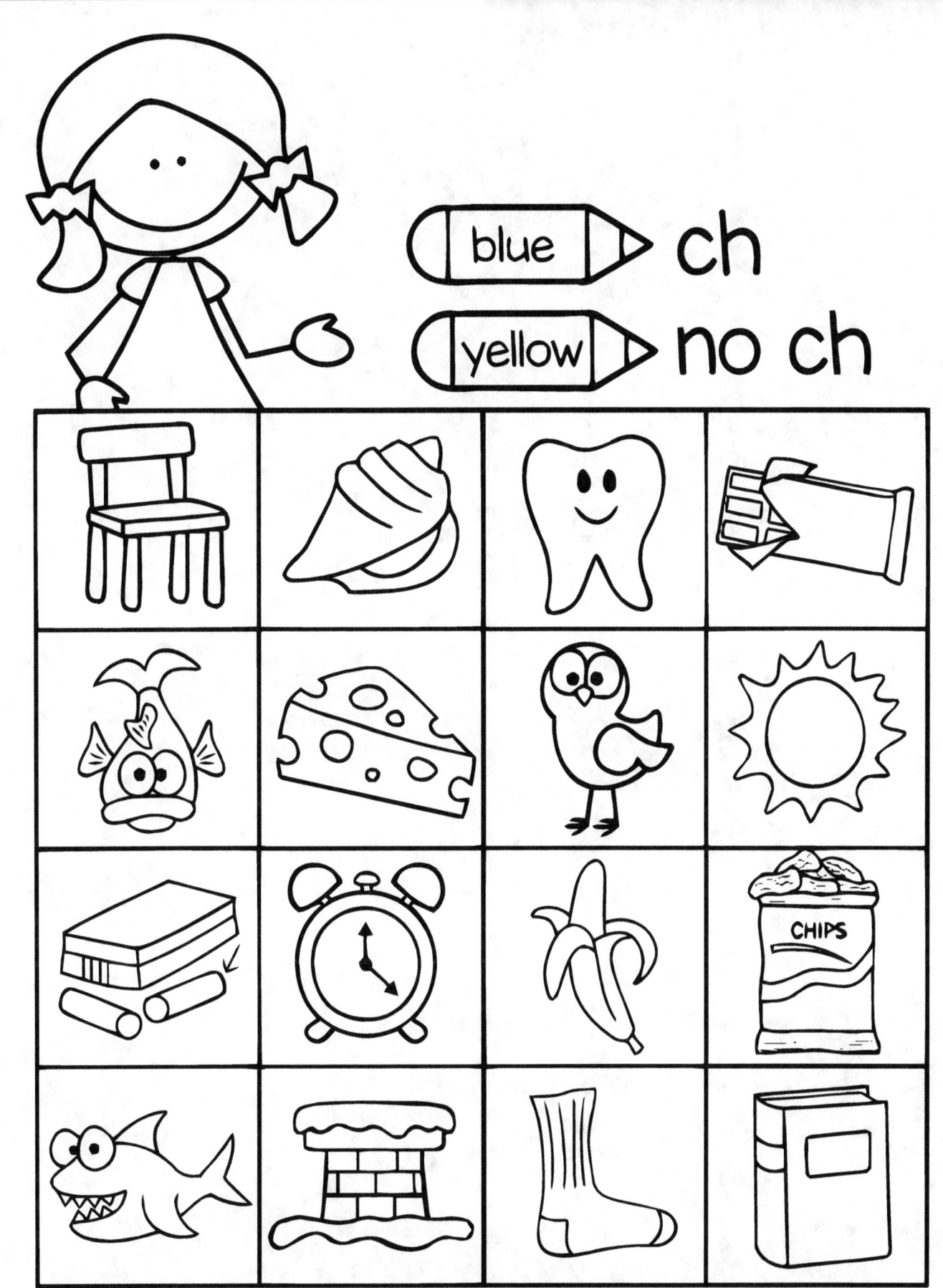

blue — ch
yellow — no ch

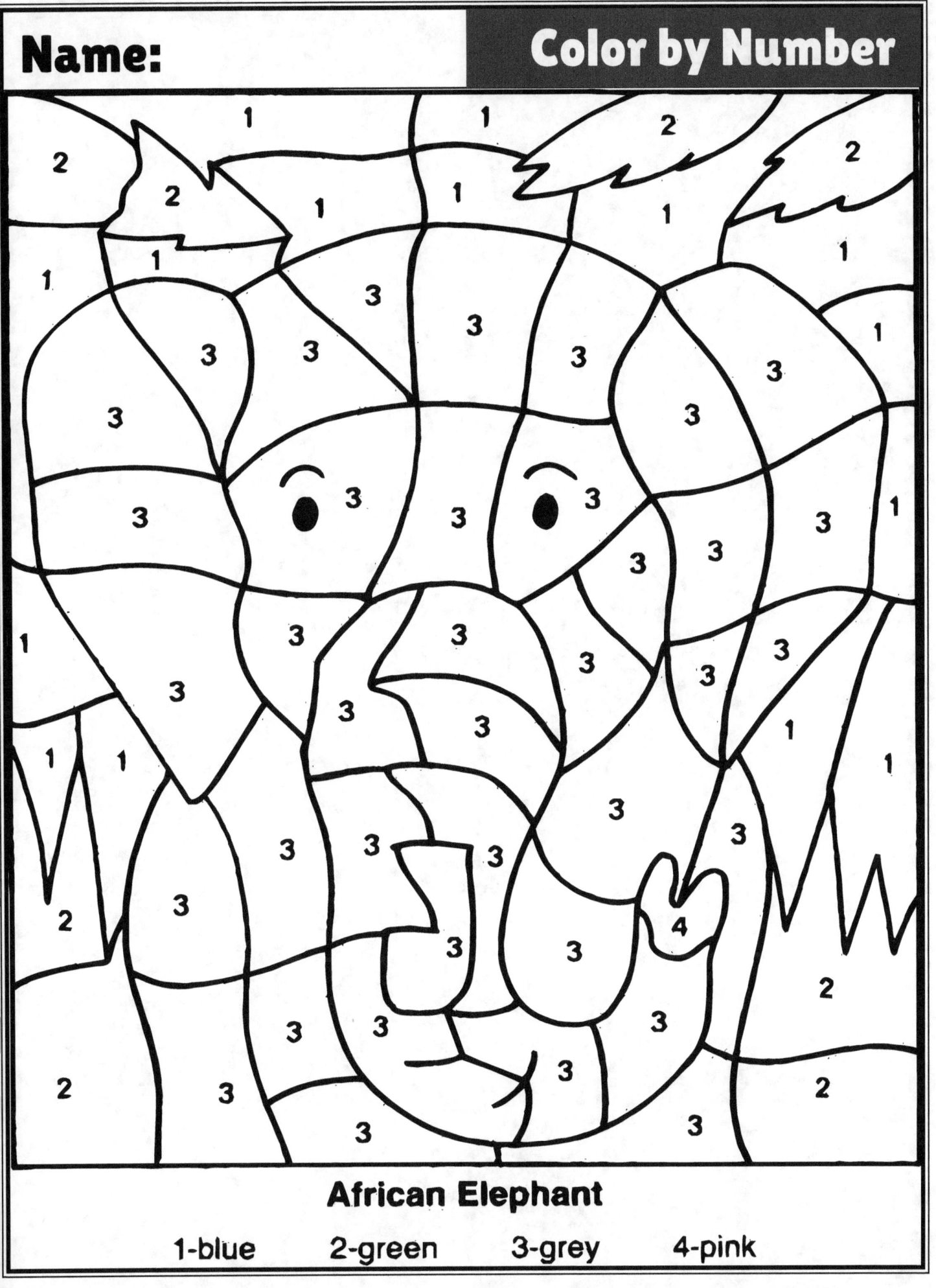

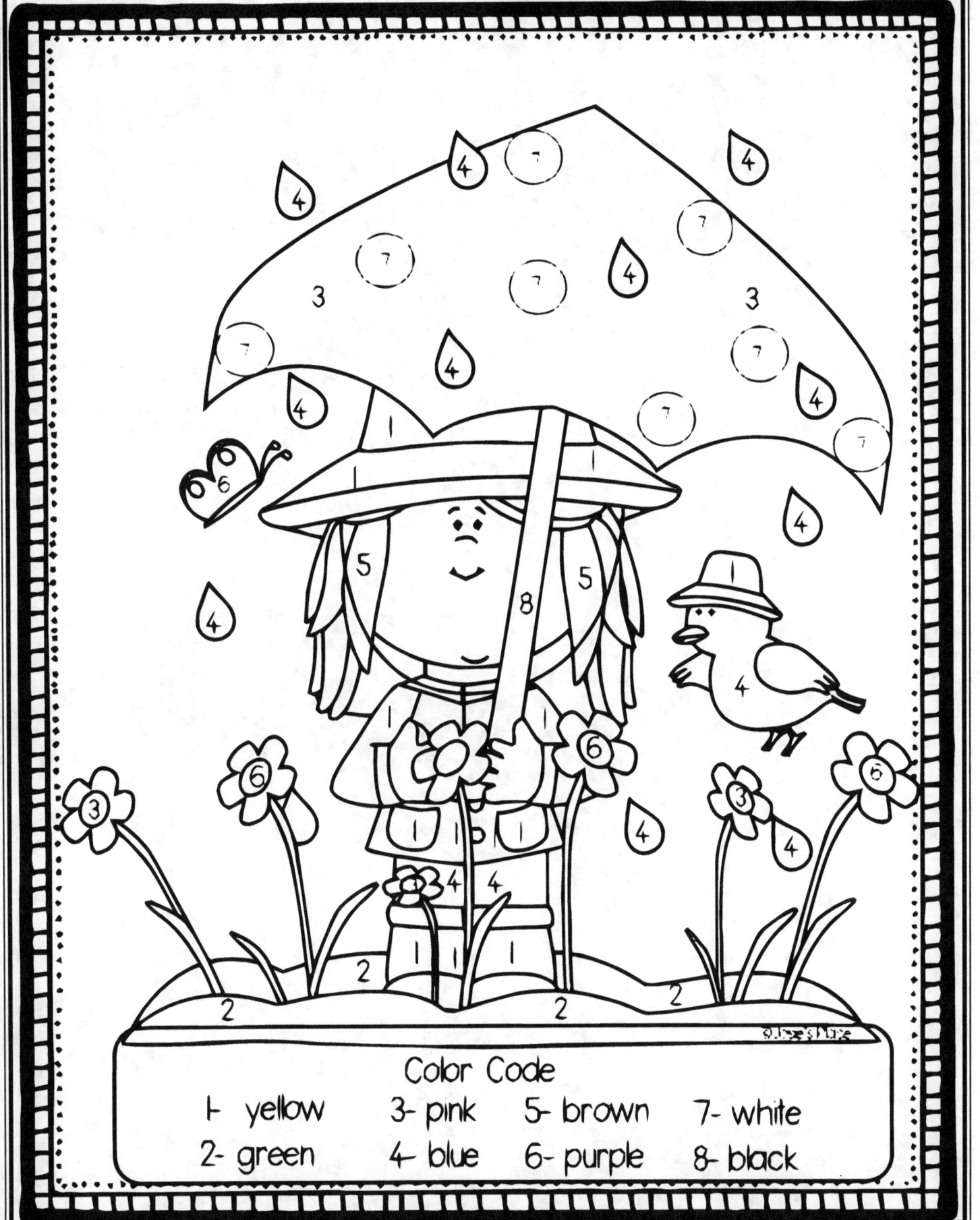

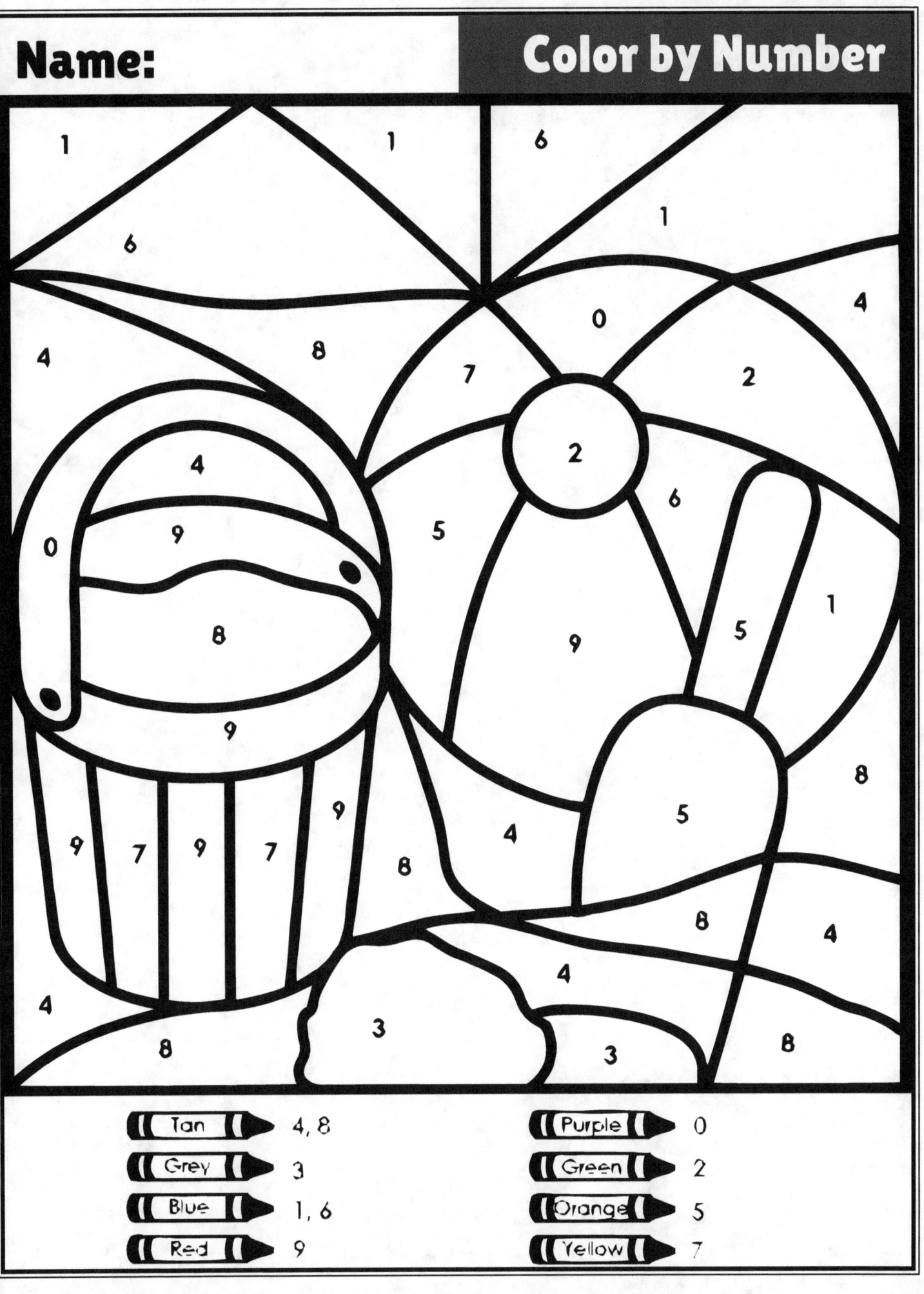

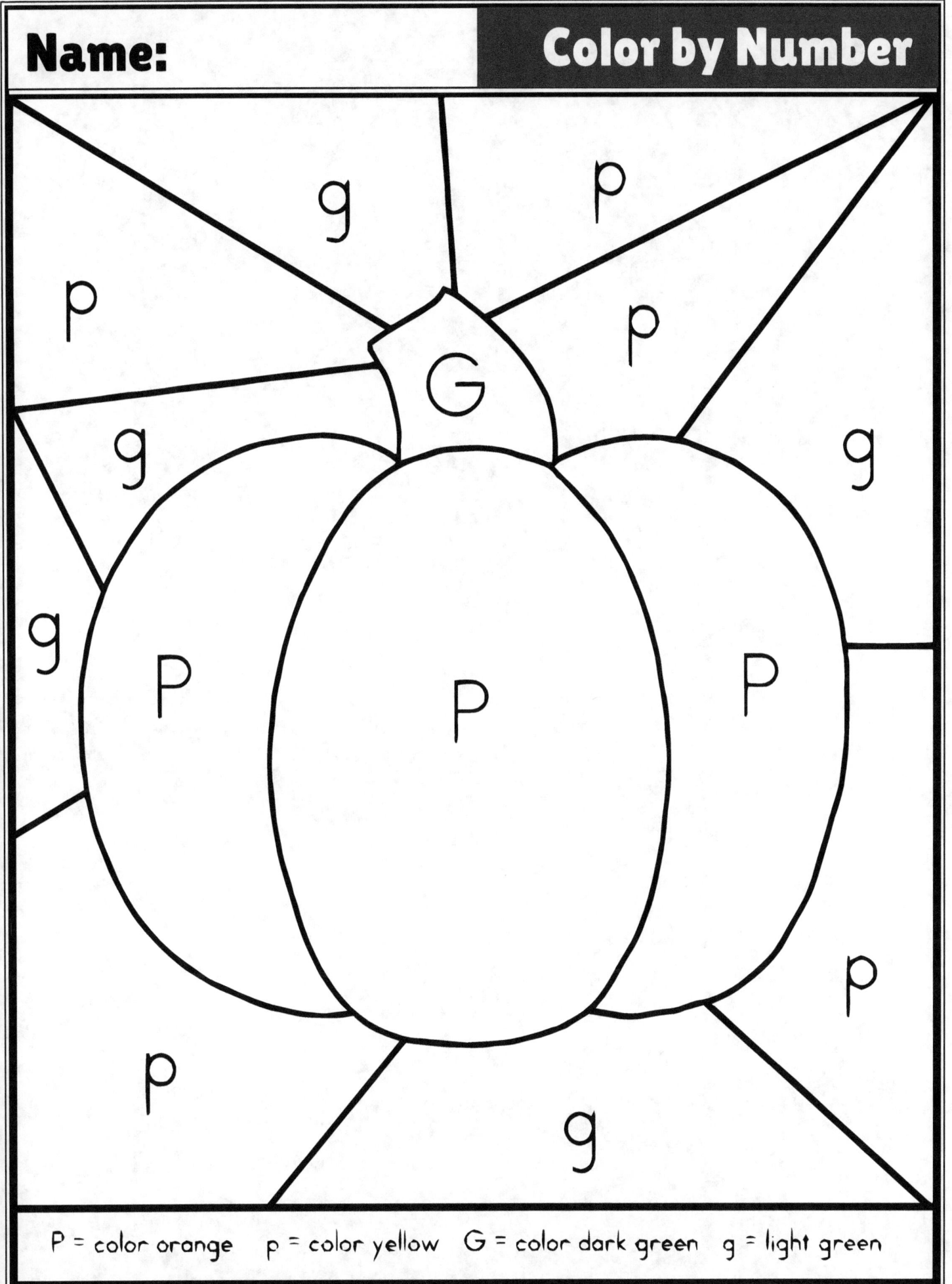

Name: **Color by Number**

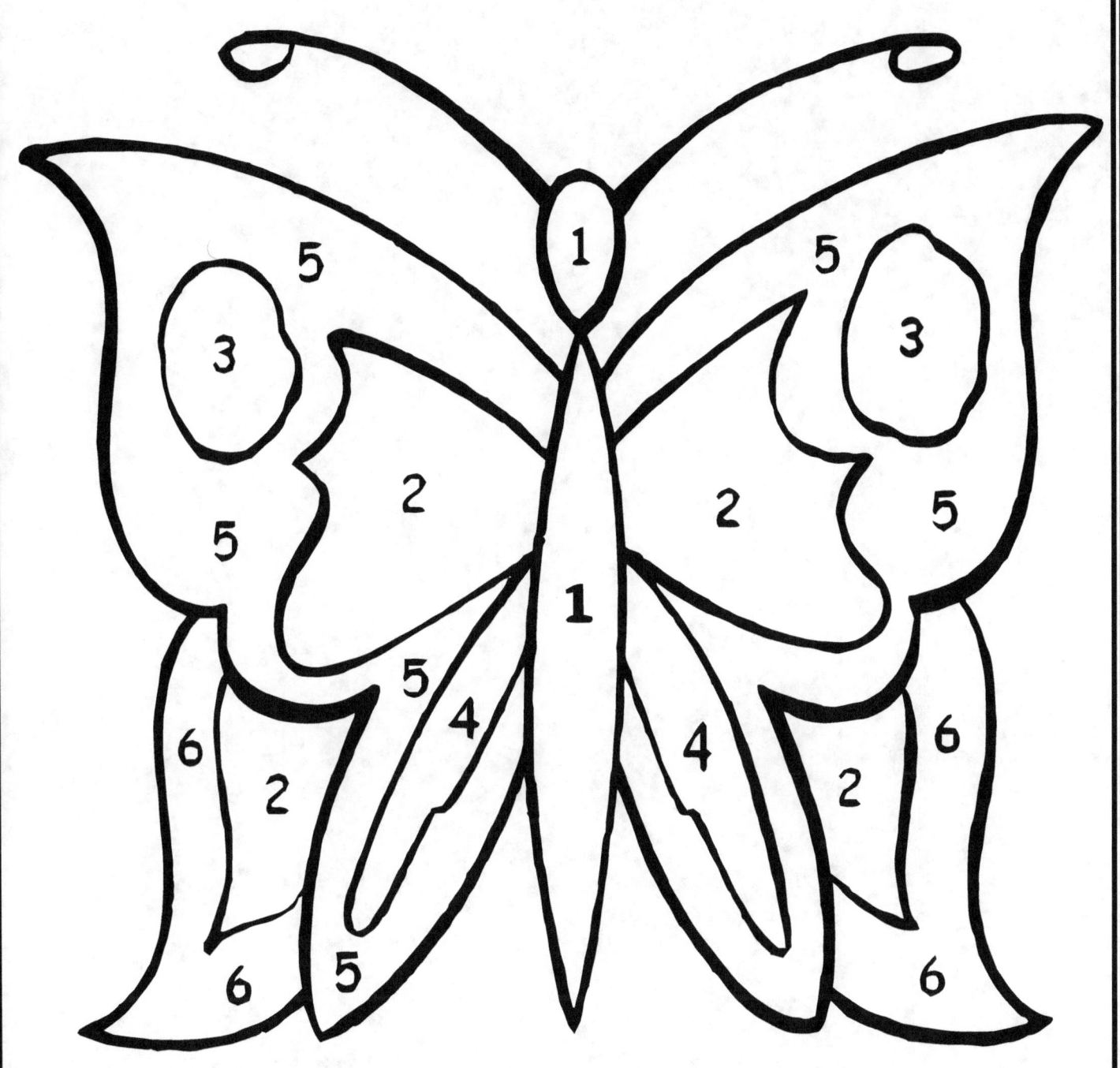

1- black   2- red   3- yellow   4- blue

5- orange   6- purple

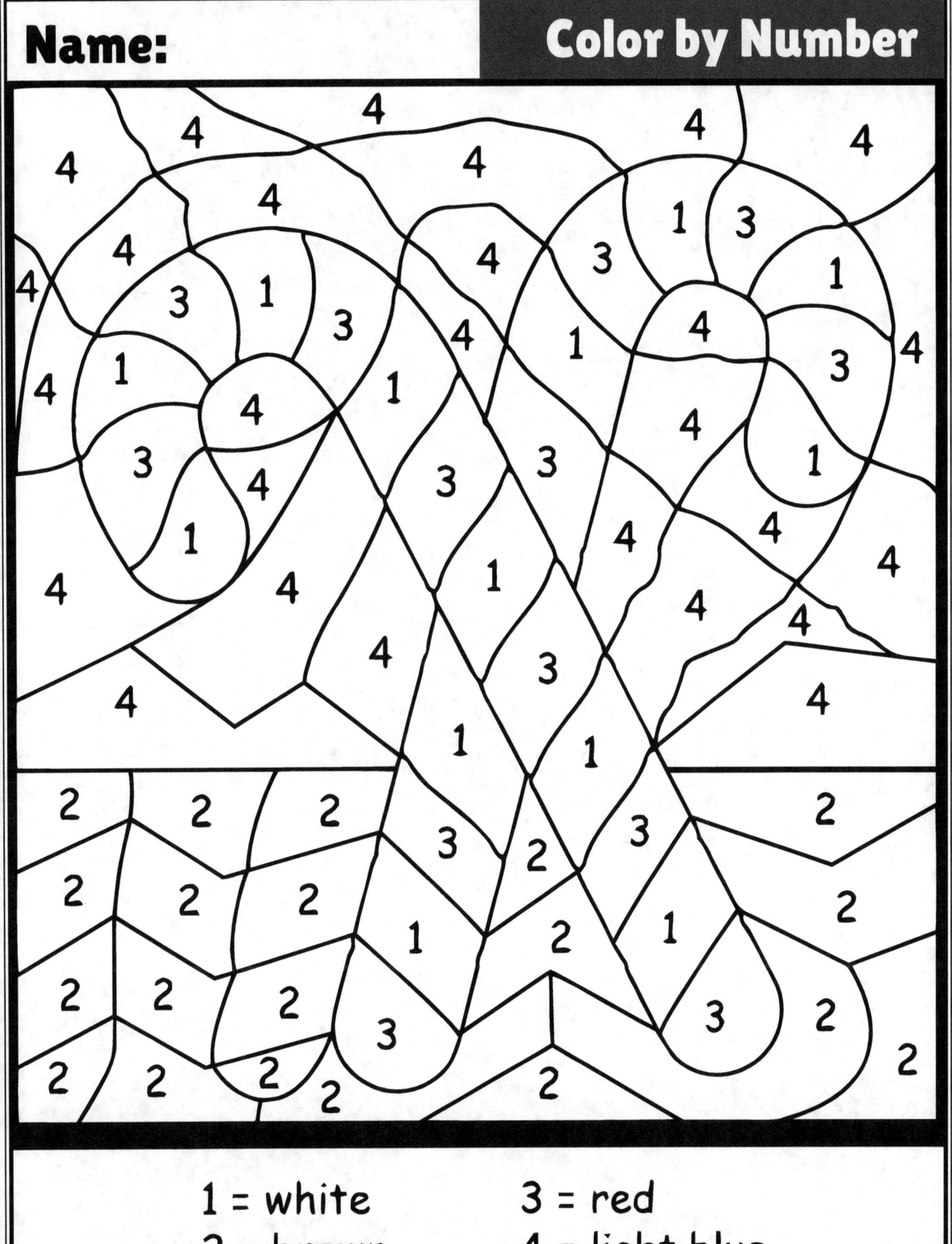

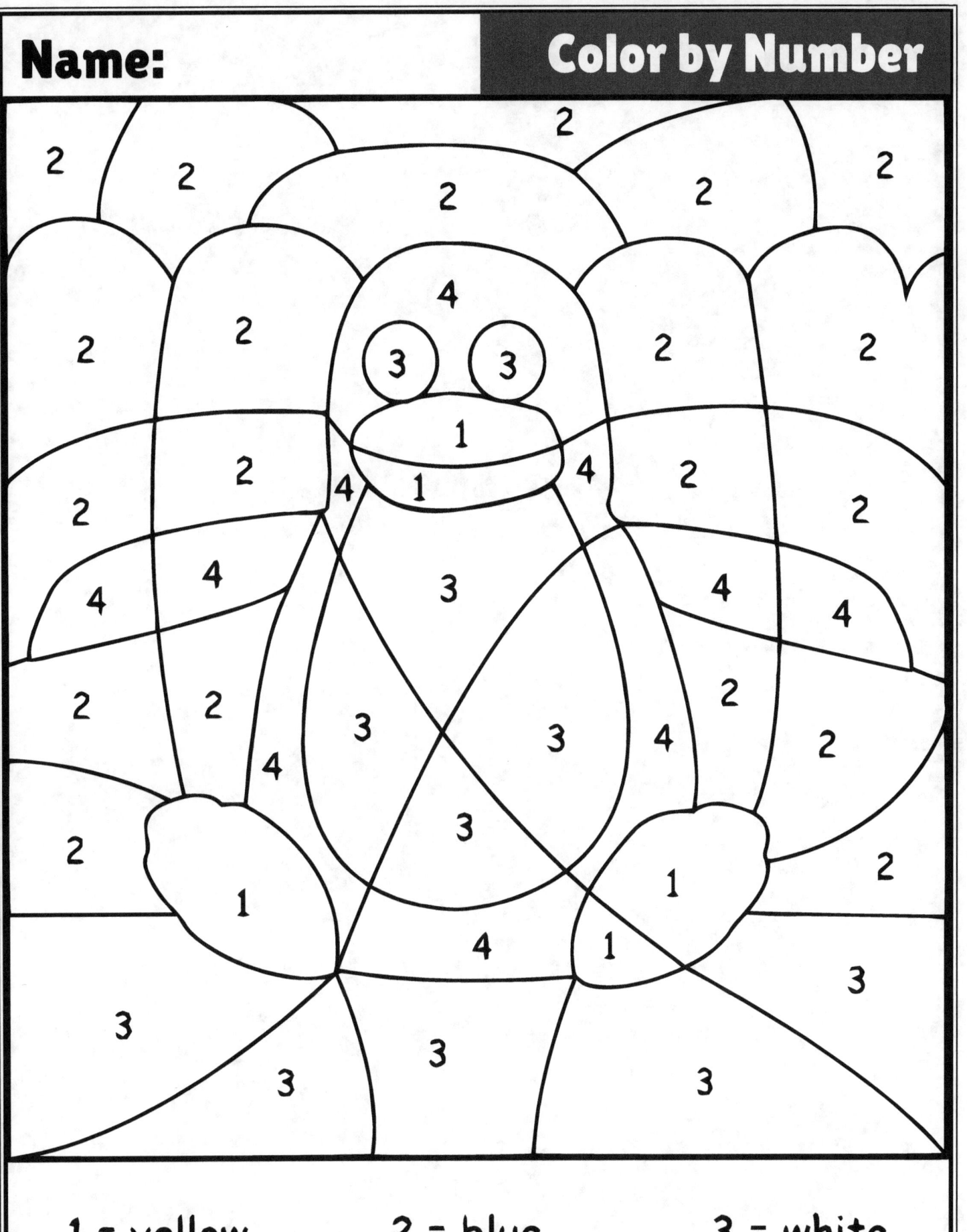

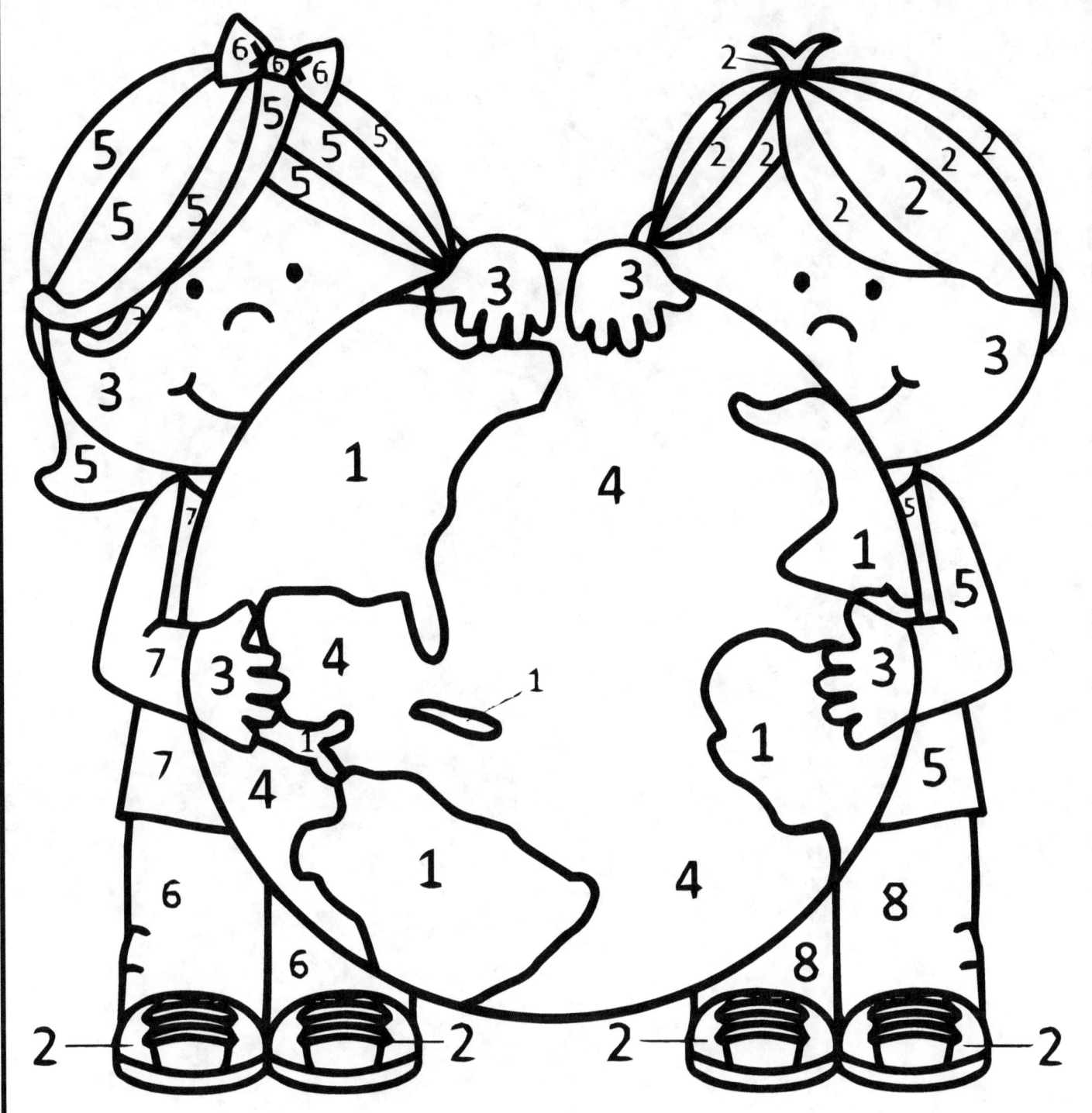

1 = green   2 = brown   3 = skin
4 = blue   5 = yellow 6 = pink
7 = red   8 = orange

Name: ### Color by Name

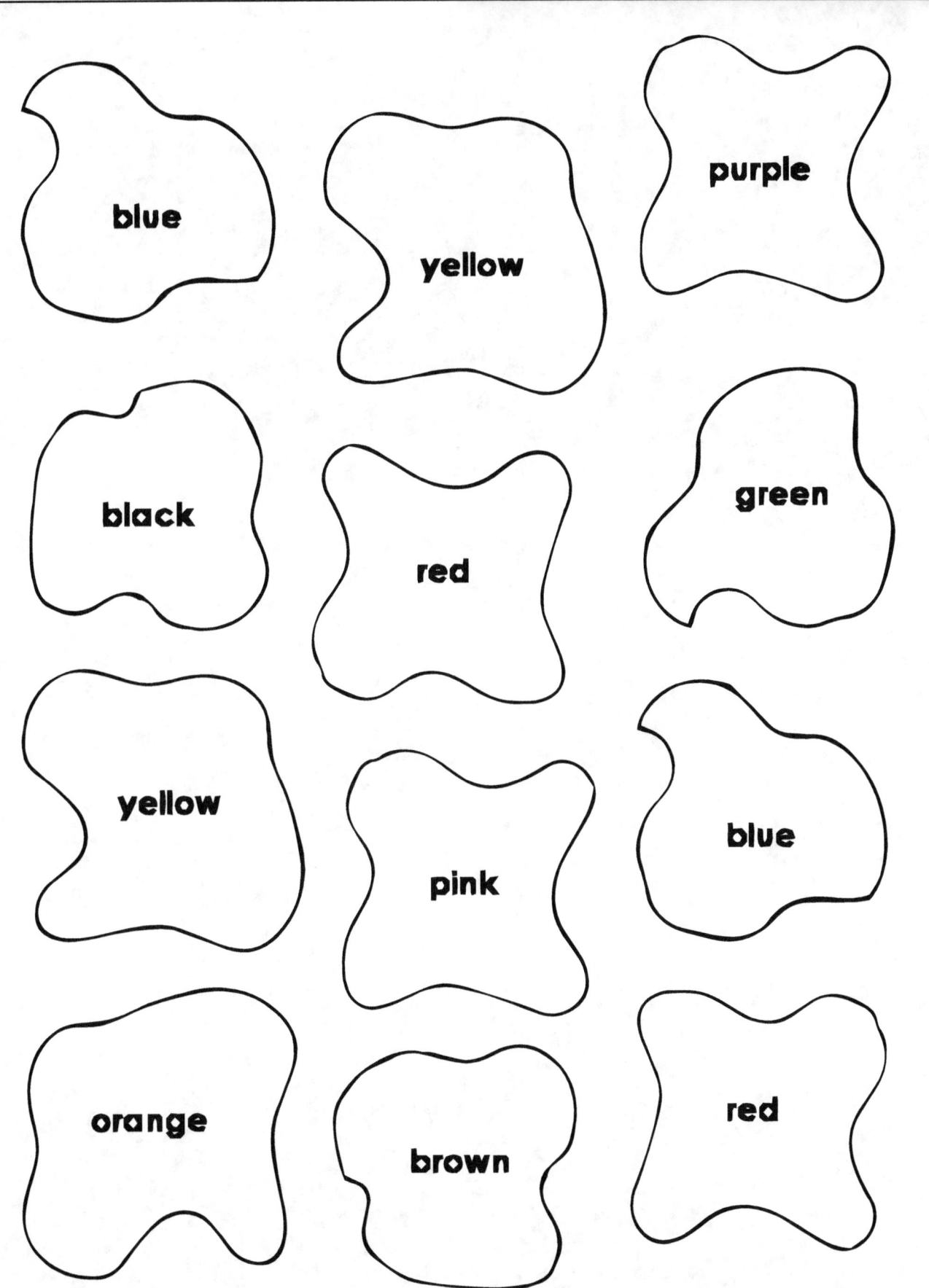

Name:

Color by Number

1-Brown 2-Red 3-Green 4-Yellow

Name:

Color by Number

1 red	**2** yellow	**3** green	**4** blue
5 orange	**6** pink	**7** purple	

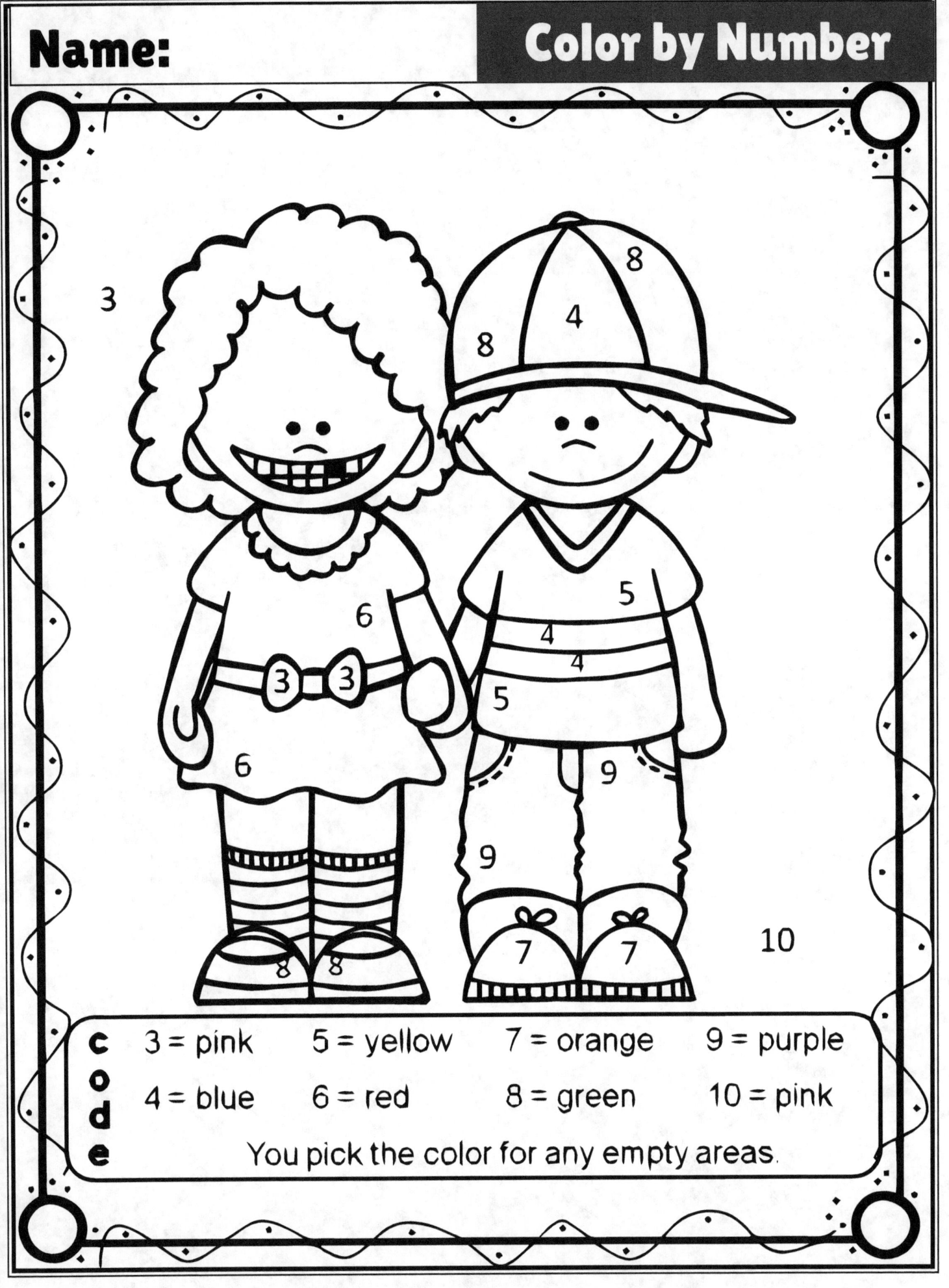

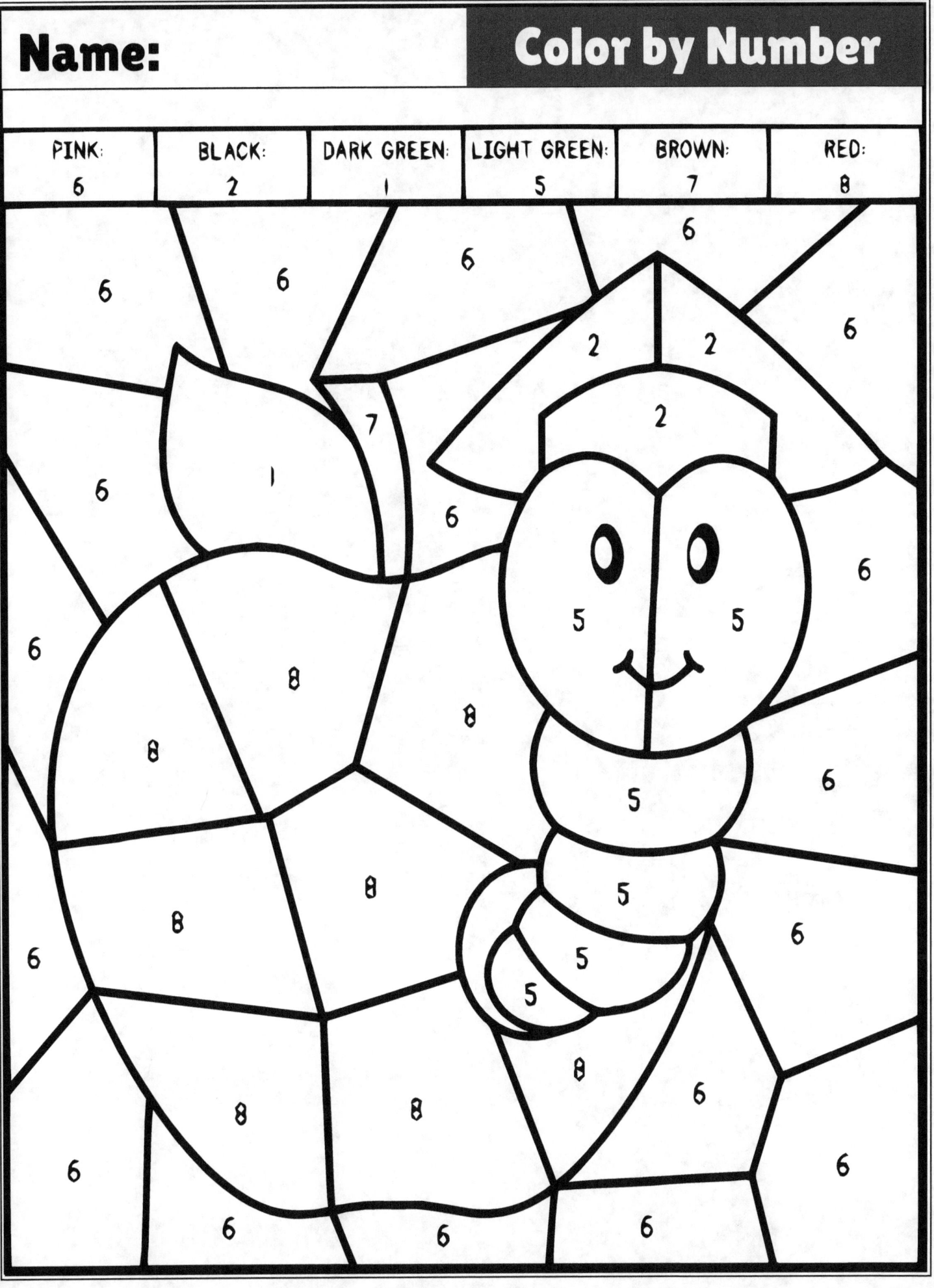

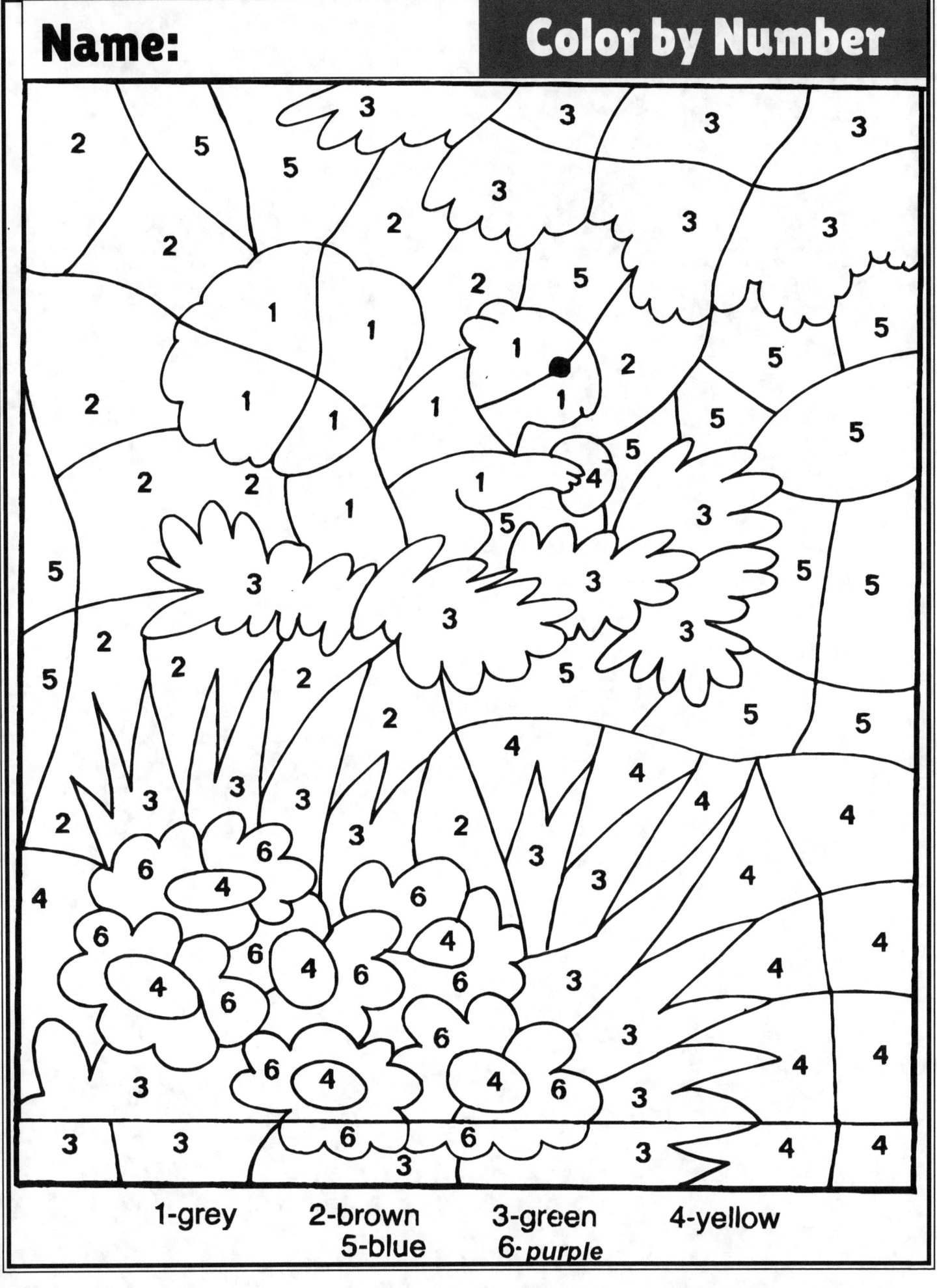

Name:
Color by Name

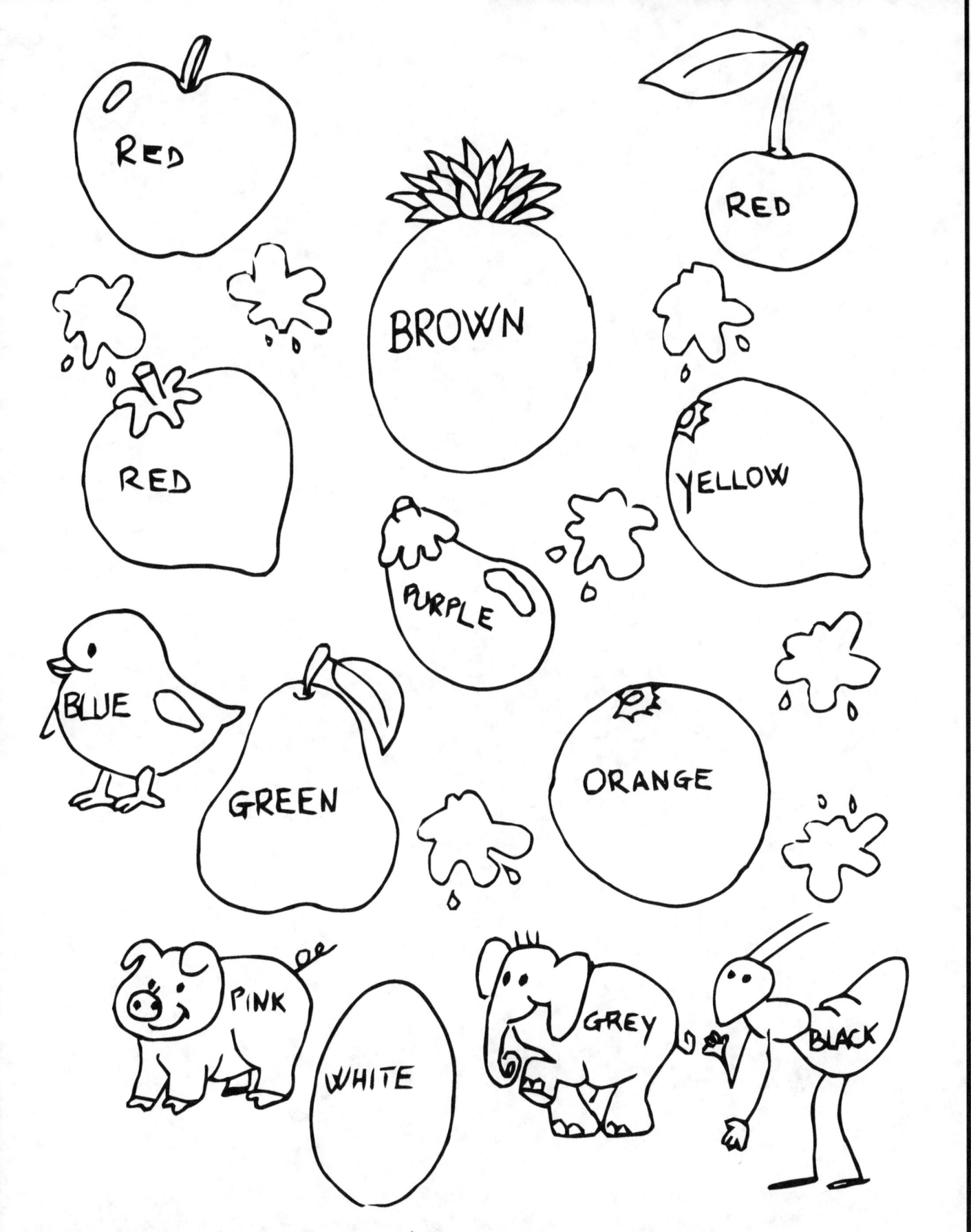

Name: 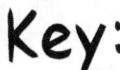 Color by Number

Key:

1 – yellow

2 – green

3 – red

4 – brown

5 – orange

6 – blue

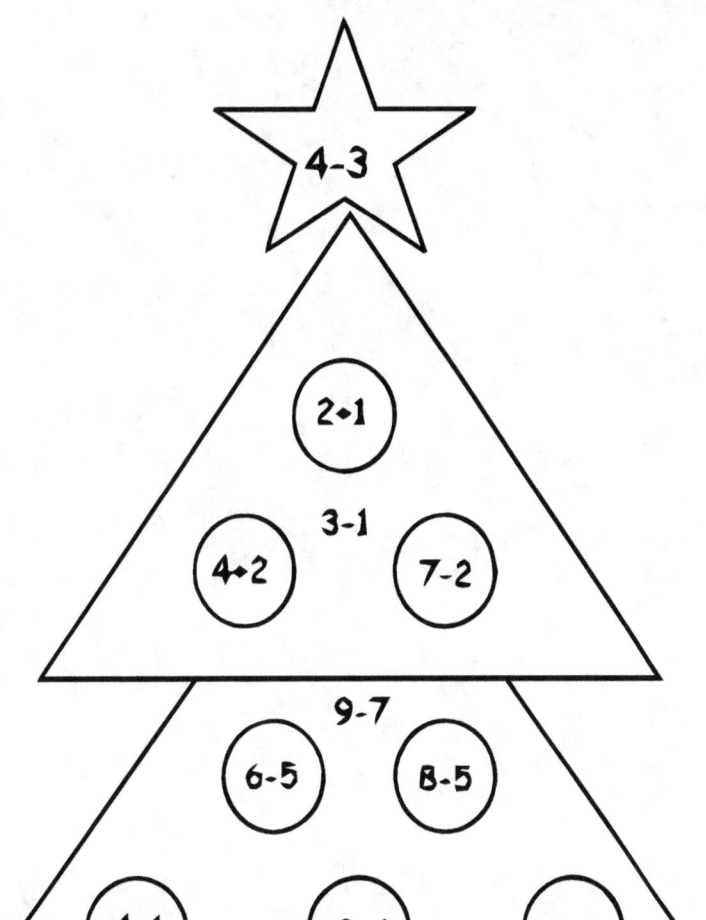
(Star: 4-3)
(2+1)
(3-1)
(4+2) (7-2)
(9-7)
(6-5) (8-5)
(4+1) (8-4) (3+3)
(3+0) (5+0) (6-3)
(9-8) (9-5) (2-0) (2+2) (1+0)

10-6

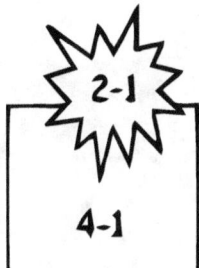
2-1
4-1

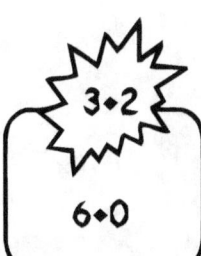
3+2
6+0

8-5
10-9

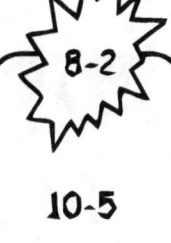
8-2
10-5

Name: Color by Name

- yellow
- red
- green
- orange
- blue
- black
- red
- yellow
- purple
- brown
- green

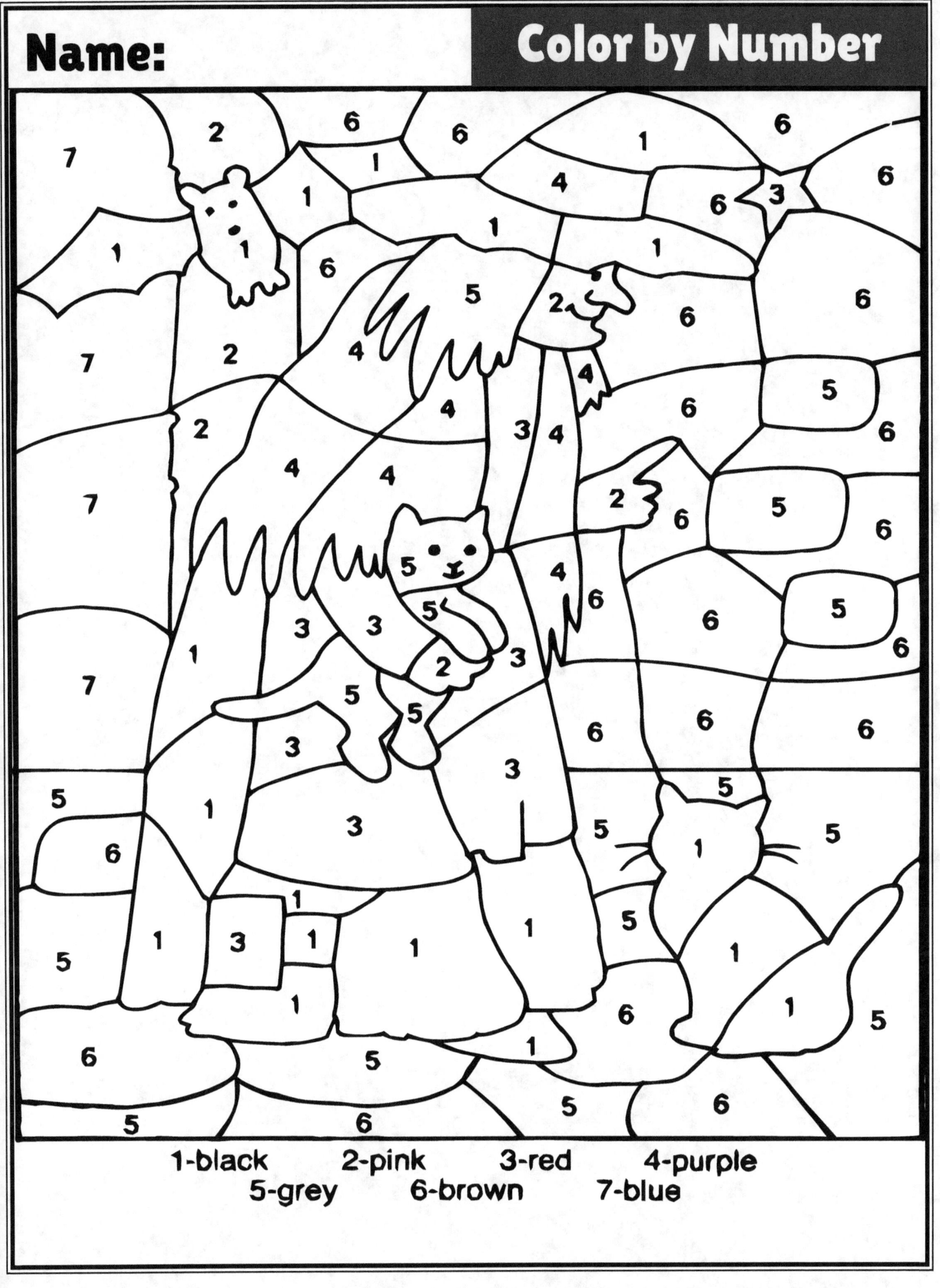

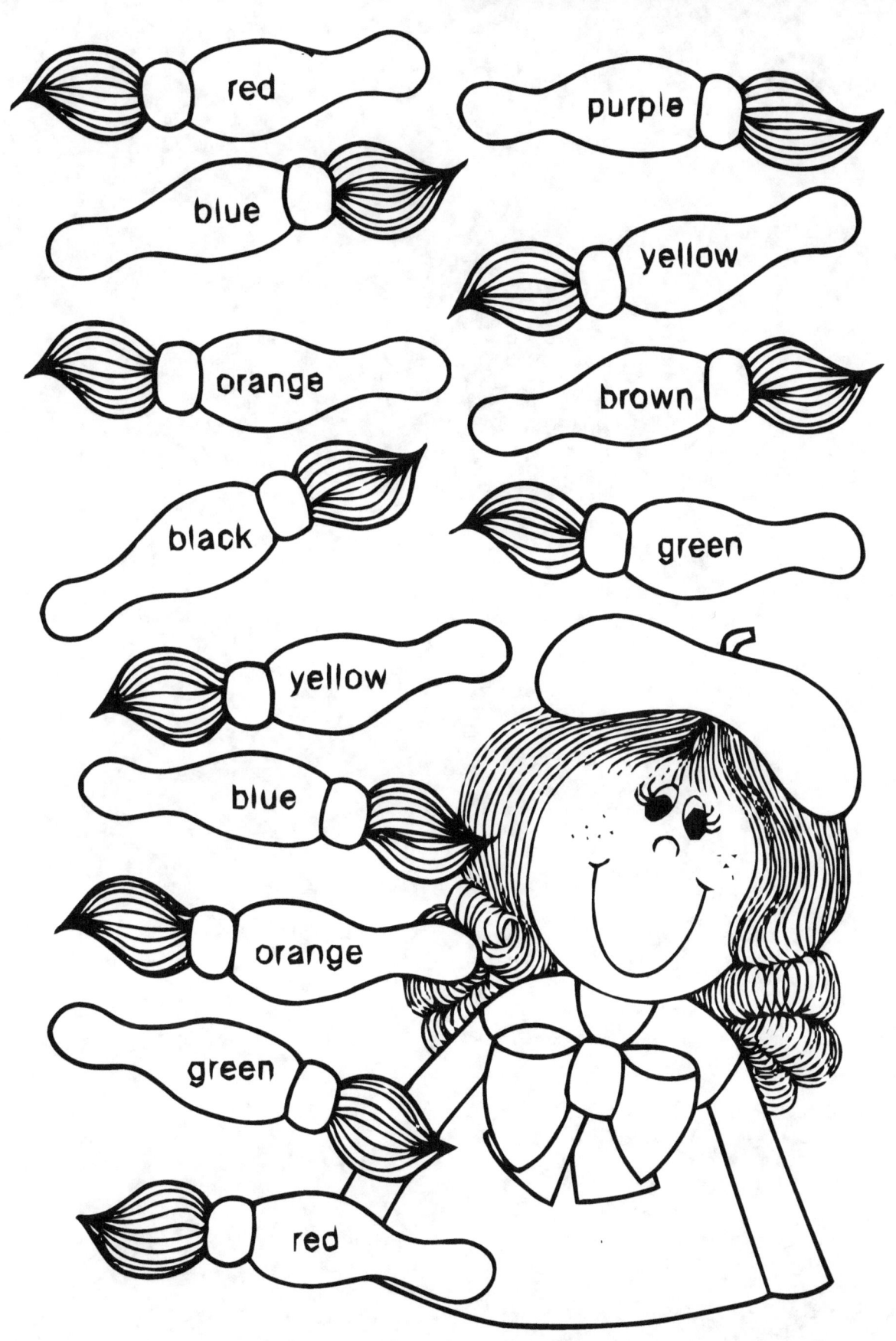

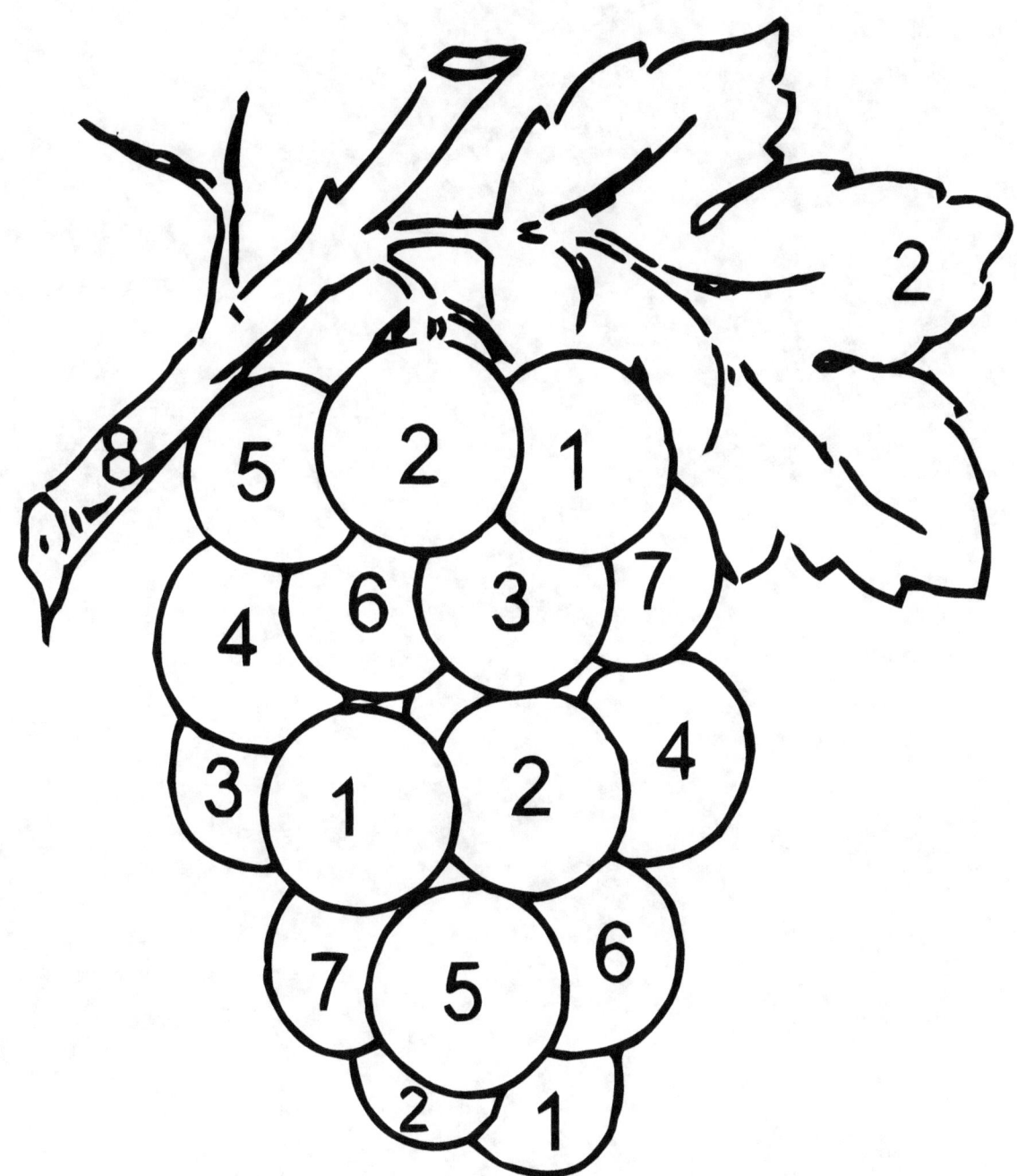

1- purple 2- green 3- yellow
4- red 5- blue 6- orange 7- pink
8- brown

Name: **Color by Number**

1 = purple 2 = blue 3 = pink 4 = green
5 = orange 6 = yellow 7 = green 8 = yellow

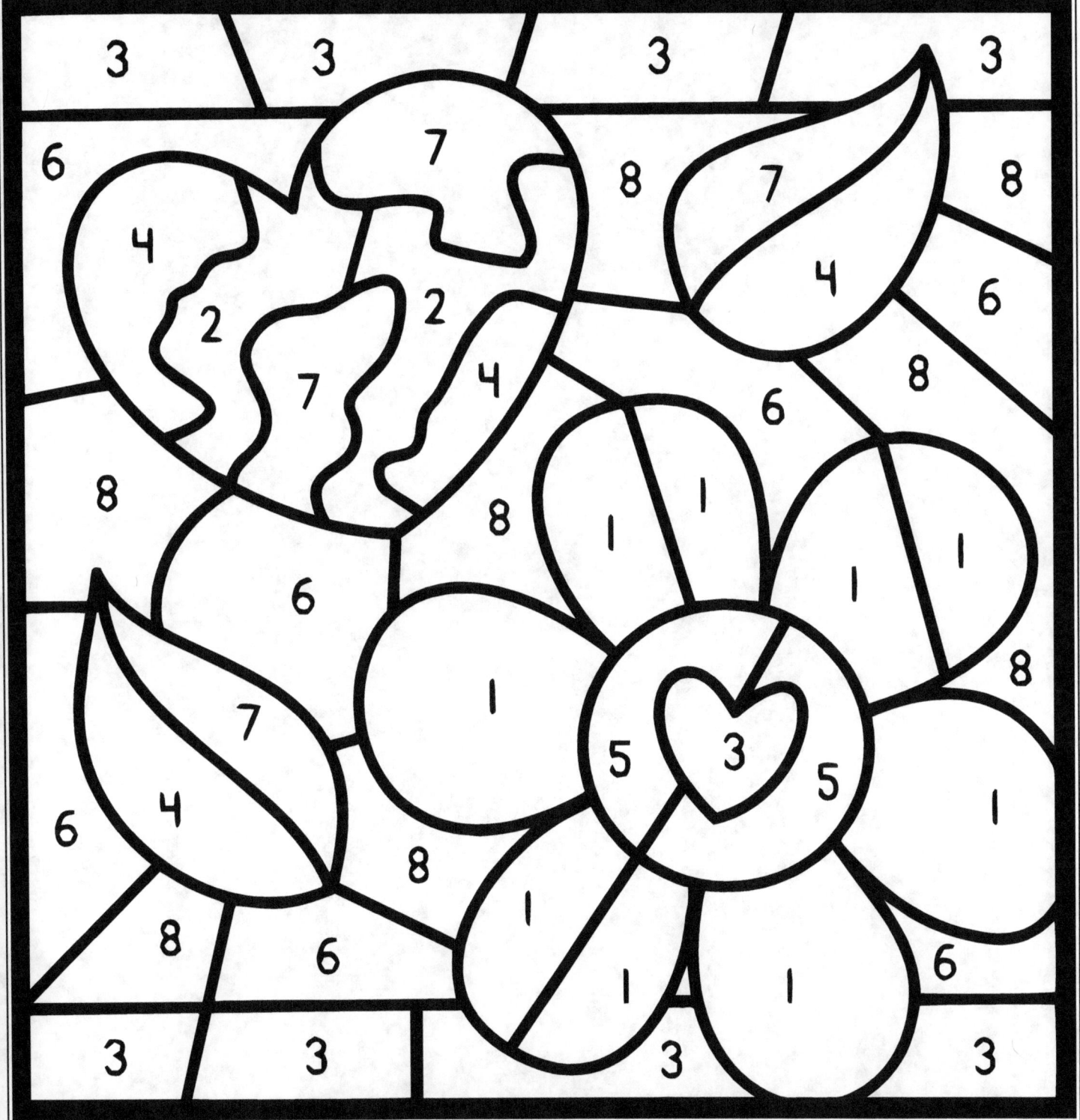

Name:
Color by Number

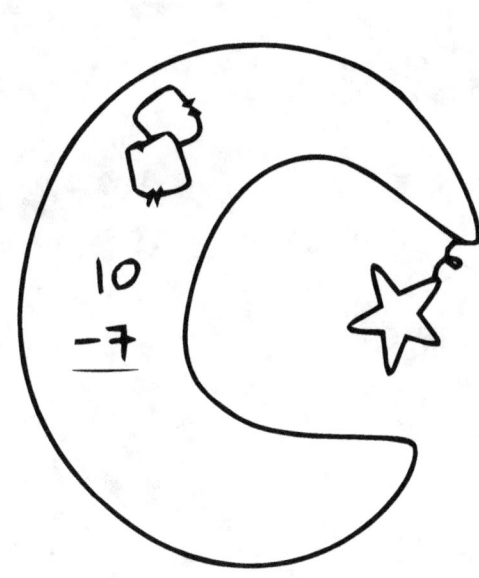

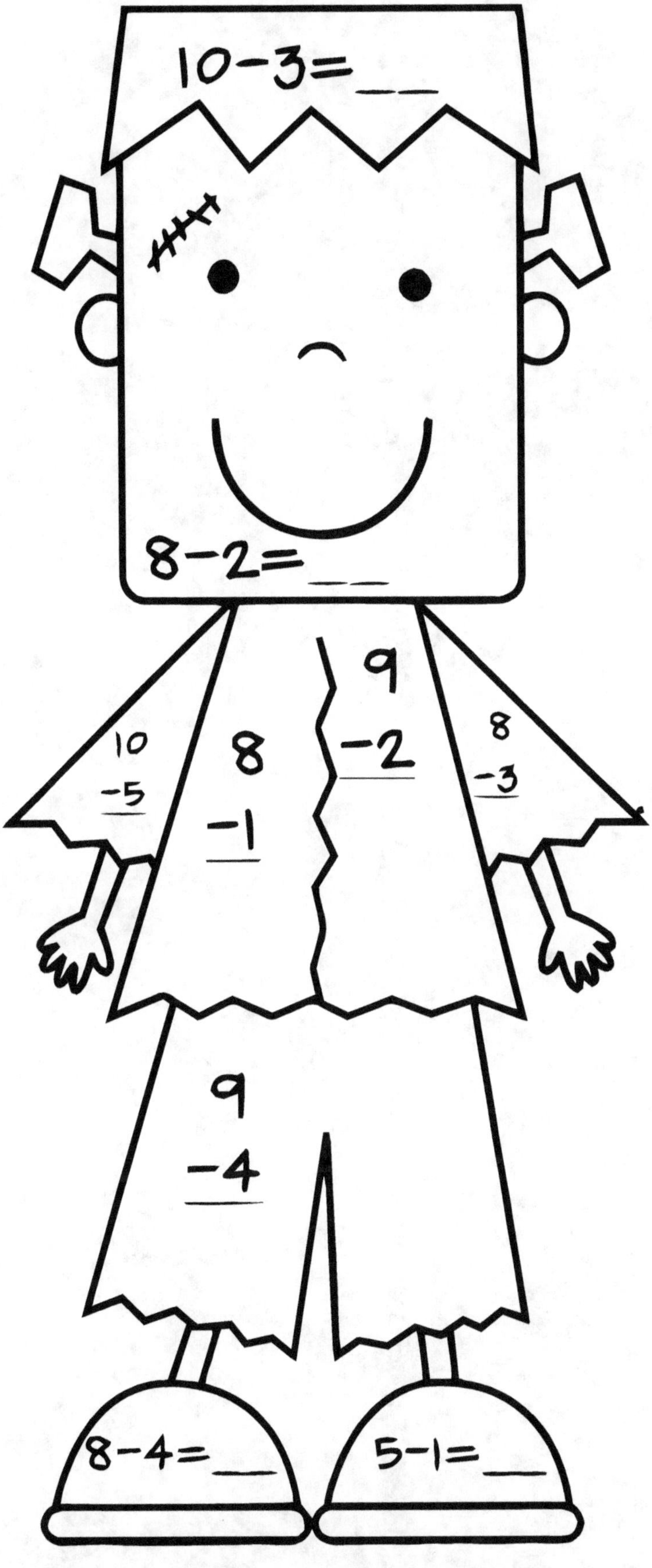

10 − 3 = ___

10 − 7

8 − 2 = ___

10 − 5   8 − 1   9 − 2   8 − 3

9 − 4

8 − 4 = ___   5 − 1 = ___

Color Code

7 = Black

6 = Green

5 = Purple

4 = Red

3 = Yellow

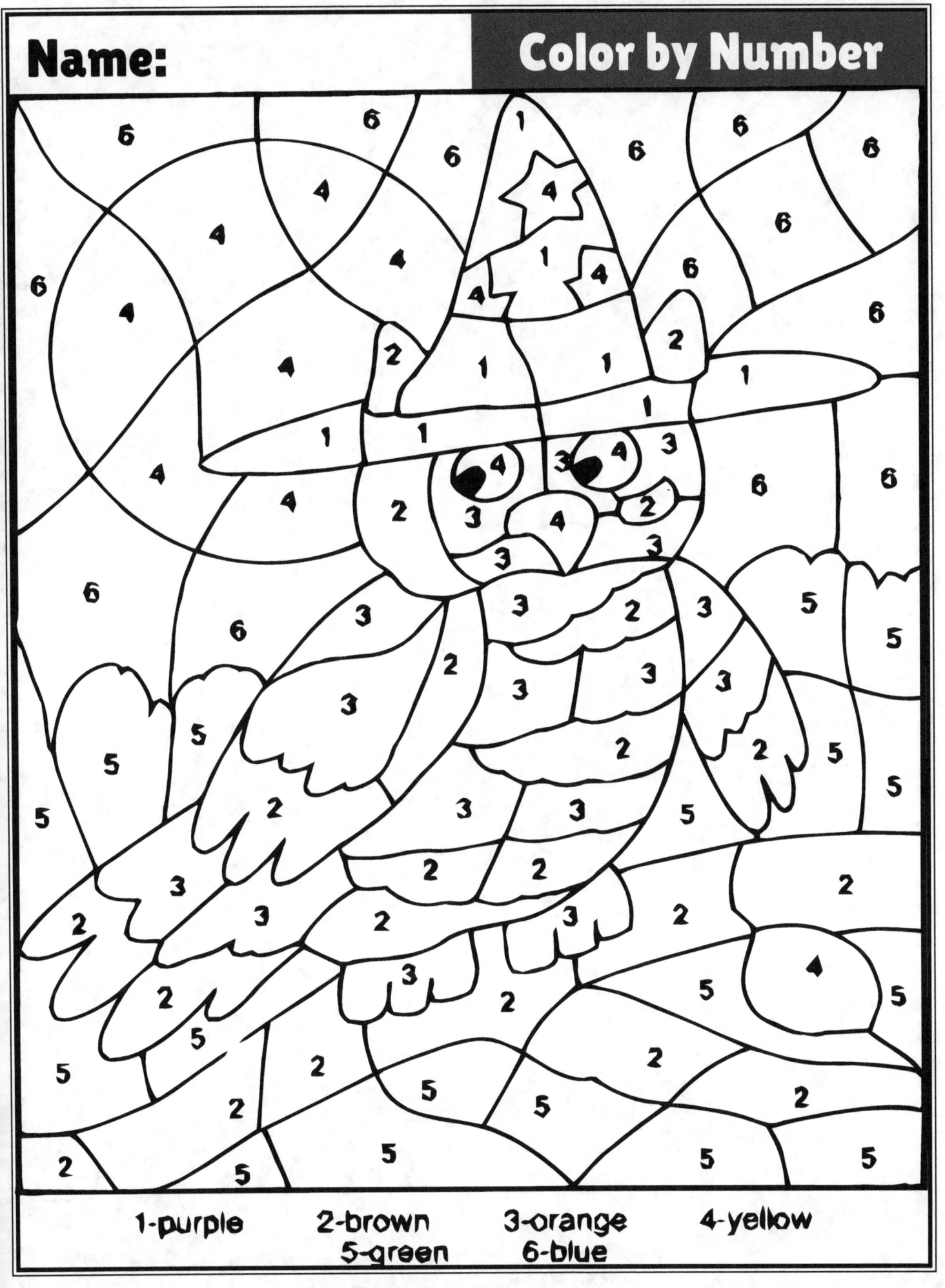

Name:

Color by Number

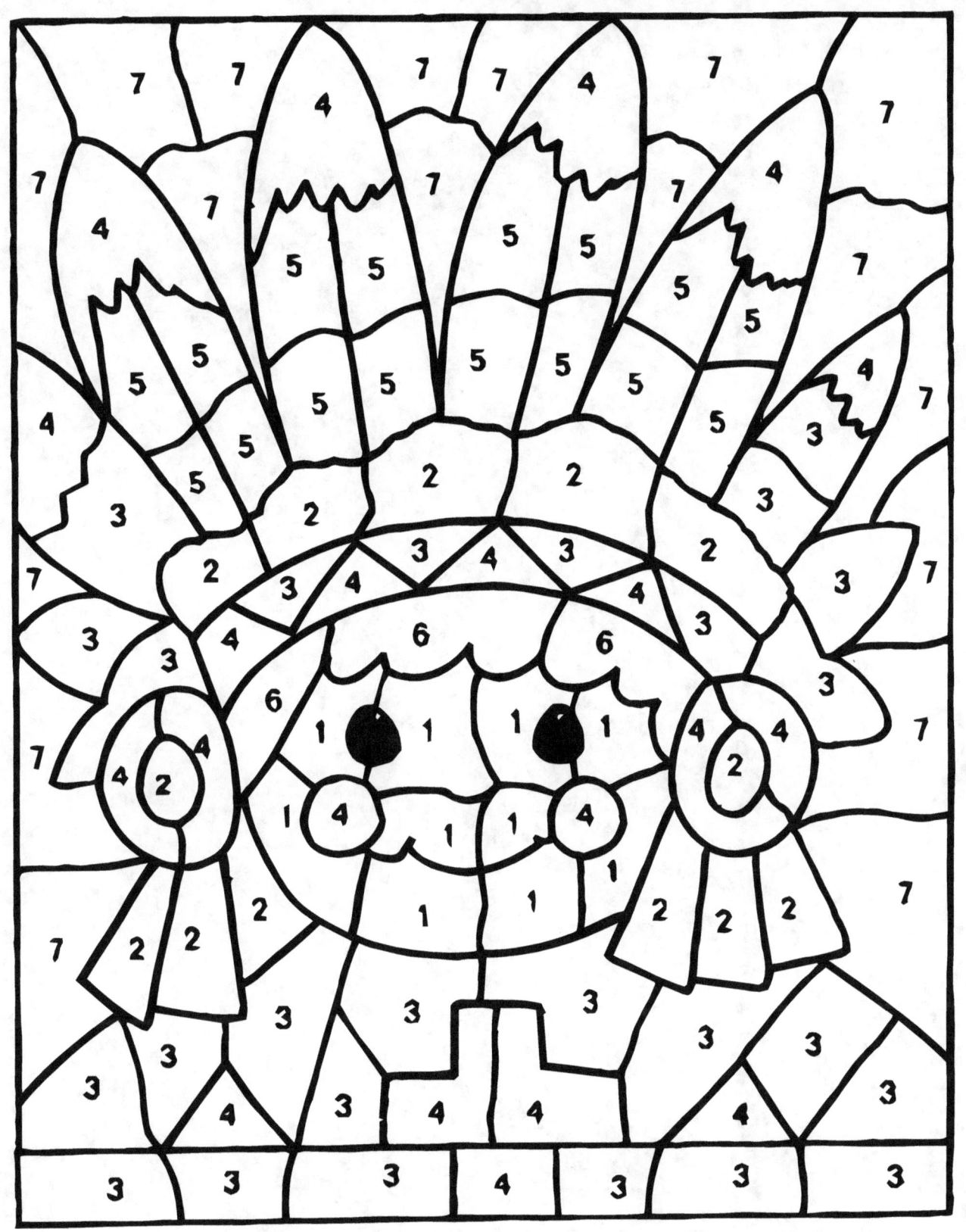

1-brown   2-yellow   3-orange   4-red
5-white   6-black   7-blue

www.ingramcontent.com/pod-product-compliance
Lightning Source LLC
Chambersburg PA
CBHW060430220526

45465CB00008B/3078